Wolfgang Mulke

Das Geldanlage-Set

In nur drei Stunden zum Rendite-Depot

Stiftung Warentest

Inhalt

Das Geldanlage-Set

2024
Stiftung Warentest
60 Jahre

Sie können die Checklisten auch kostenlos online ausfüllen. Den Link und einen QR-Code finden Sie auf Seite 107.

Mit wenig Aufwand zum Erfolg

Wenig tun und damit Erfolg haben? Das klappt tatsächlich – jedenfalls, wenn es um Ihre Geldanlage geht. Eine gute Strategie für Ihre Finanzen braucht weder komplizierte Pläne noch viel Aufwand im Alltag.

Vorwissen müssen Sie auch nicht mitbringen. Wir versprechen Ihnen sogar: Wenn Sie ab jetzt nur drei Stunden der eigenen Zeit investieren, haben Sie alles für (fast) immer unter Dach und Fach. Wie das geht, zeigen wir Ihnen auf den folgenden Seiten.

In drei Stunden zum Rendite-Depot

Keine Angst vor Finanzthemen! Wir zeigen Ihnen, wie Sie mühelos in kurzer Zeit Ihr Geld gewinnbringend und sicher anlegen können – ganz ohne Vorwissen.

Sie sollten sich um Ihre Finanzen kümmern, das wissen Sie vermutlich längst. Schließlich haben Sie ja zu diesem Buch gegriffen. Das Thema Geldanlage ist wichtiger denn je, daran erinnern die Nachrichten fast täglich: Die gesetzliche Rente reicht zum Leben im Alter nicht mehr aus, die Inflation ist zurück – und mit sogenannten ETF lässt sich an der Börse angeblich ein Vermögen aufbauen. Aber vielleicht denken Sie, das ist sicher nur etwas für Profis und Menschen, die sich damit auskennen. Stimmt das?

Nein, ganz im Gegenteil: Tatsächlich war langfristiger Vermögensaufbau nie so einfach wie heute. In diesem Buch erfahren Sie, wie das auch für Sie möglich ist – in wenigen Schritten und ganz unkompliziert.

Jetzt ist der richtige Zeitpunkt. Packen Sie es an!

Wenn Sie das Thema Geldanlage bisher auf die lange Bank geschoben haben, dann sind Sie in bester Gesellschaft. Umfragen zeigen immer wieder, dass ein Großteil der Sparerinnen und Sparer in Deutschland zwar vorhat, sich um die private Altersvorsorge zu kümmern und sich mit dem Thema „Geld anlegen an der Börse" zu beschäftigen. Doch ungeachtet dessen liegt die Zahl der Inhaberinnen und Inhaber von Wertpapieren – also etwa Aktien oder ETF – in Deutschland recht konstant bei circa 12 Millionen.

Das Wissen um Finanzfragen ist oftmals wenig ausgeprägt. Weder im Elternhaus noch an den Schulen wird davon viel vermittelt. Viele haben nur eine sehr vage Vorstellung von dem, was sich hinter Schlagworten wie Finanzen und Geldanlage verbergen könnte – und fürchten, es geht um einen hochkomplexen Finanzmarkt, viel Rechenarbeit und zahlreiche Fallstricke, die für Laien kaum zu durchschauen sind. So mancher handelt dann nach dem Prinzip: Bevor ich etwas falsch mache, mache ich lieber gar nichts. Das ist verständlich, bringt Sie aber nicht weiter.

Daher: Keine Angst vor Finanzthemen, gehen Sie das Thema jetzt an!

Es dauert nicht lange – versprochen!

Willkommen bei der Lösung! Hier im Geldanlage-Set wird jeder nötige Schritt genau beschrieben – von der Selbstanalyse Ihrer Ziele und Möglichkeiten über eine geeignete Strategie für Ihre Bedürfnisse bis hin zu deren Verwirklichung. Mit dieser Anleitung schaffen Sie sich in kurzer Zeit eine langfristige Basis für Ihre Geldanlage. In nicht mehr als drei Stunden werden Sie alle entscheidenden Weichen gestellt haben. Sie können sich also schon nach kurzer Zeit wieder beruhigt zurücklehnen und sich anderen Dingen widmen.

Zugegeben, hin und wieder müssen Sie unterbrechen und ein paar Bankbearbeitungstage einplanen, etwa bis ein Konto oder ein Depot eröffnet ist. Aber in dieser

Zeit müssen Sie sich schließlich auch nicht weiter mit dem Thema beschäftigen, wenn Sie das nicht möchten. Ist die externe Bearbeitung erledigt, geht es für Sie weiter.

So benutzen Sie dieses Buch

Wie soll das in dieser kurzen Zeit gehen? Ganz einfach: Wen die Hintergründe des Geldanlegens tatsächlich nicht weiter interessieren, der kann ausschließlich die handfesten Schritte und Anleitungen des jeweiligen Kapitels lesen und umsetzen.

Lassen Sie sich dazu am besten von den zwei Elementen leiten, die sich durch dieses Buch ziehen und die Sie in Abständen immer wieder als farblich abgesetzte Kästen am Rand finden. Zum einen sind das die Ausfüllhilfen für die Arbeitsblätter im hinteren Teil des Buchs. Diese erkennen Sie an den blauen Kreisen, in denen direkt auf die passende Checkliste verwiesen wird. Hier auf dieser Seite unten rechts steht schon die erste davon: Auf Seite 109 finden Sie eine Checkliste, auf der Sie alle Themen des Buchs nacheinander abhaken können. Wenn Sie das letzte Häkchen gesetzt haben, sind Sie fertig. Das zweite Leitelement sind unsere Schritt-für-Schritt-Anleitungen, etwa zum Tagesgeldkonto auf Seite 59.

Das war's – wenn Sie diesen Anleitungen folgen, haben Sie Ihre Finanzen bereits auf ein solides Fundament gestellt! Aber natürlich bietet Ihnen dieses Buch noch viel mehr. Denn vielleicht möchten Sie ja doch tiefer einsteigen und die Hintergründe verstehen? Dann lohnt es sich, wenn Sie mehr lesen: Neben der Praxis im Umgang mit Konten, Zinsen und Aktienanlagen erklären wir Ihnen, wie die einzelnen Produkte funktionieren und welche Chancen und Risiken damit verbunden sind. Ganz nebenbei lernen Sie wichtige Begriffe aus der Welt der Geldanlage kennen und stellen dabei möglicherweise fest, dass das alles gar nicht so kompliziert ist, wie es auf den ersten Blick erscheint.

Hinweise auf von Finanztest als geeignet befundene Produkte helfen Ihnen, Ihr erstes Depot optimal aufzubauen. So kann sich Ihr Geld in Zukunft ohne großen Aufwand vermehren.

Was brauchen Sie zum Start?

Ein Girokonto natürlich – doch das haben Sie sicher längst. Darüber hinaus benötigen Sie einen gültigen Personalausweis oder Reisepass. Dies benötigen Sie für die Eröffnung weiterer Konten (für Tages- beziehungsweise Festgeld) und eines Depots. Schließlich ist noch ein Smartphone und/oder ein PC mit Kamera nötig: Ein Konto oder Depot können Sie zwar auch persönlich eröffnen – doch leichter und schneller geht es online, per Videoident-Verfahren.

Checkliste: In 15 Schritten zur passenden Geldanlage

In einzelne überschaubare Häppchen aufgeteilt gewinnt Ihr erstes Portfolio schnell an Form.

Mit der kompakten Anleitung gelingt der Einstieg in die Welt des Pantoffel-Portfolios schnell und ohne große Anstrengung.

Vom Entwurf Ihrer Sparziele bis zum fertigen Portfolio mit Ihrem individuellen Verhältnis von Sicherheit zu Rendite sind es tatsächlich nur 15 Schritte!

→ S. 109

So kommt Ihre Motivation in Fahrt

Wann ist der beste Zeitpunkt zum Starten? Genau jetzt, hier und heute. In 20 Jahren werden Sie es sich danken.

Es gibt tausend Gründe, warum Sie sich bisher noch nicht um das Thema gekümmert haben. All diese Gründe haben ihre Berechtigung, Sie müssen sich deswegen nicht schlecht fühlen. Die menschliche Psyche steht gern im Weg, das belegen verschiedenste Studien immer wieder. Rational mag Ihnen die Notwendigkeit bewusst sein, sich um Ihre private Altersvorsorge zu kümmern. Doch das Thema systematisch anzugehen, Ziele zu definieren und auf diese Ziele hinzuarbeiten, fällt vielen trotzdem schwer.

Wichtig ist, dass Sie heute das Heft buchstäblich selbst in die Hand genommen haben, um Ihre zukünftige Geldanlage zu regeln. Denn es ist wirklich einfach. Sollten Sie dennoch letzte Zweifel plagen, lassen sich diese in den folgenden Abschnitten entkräften. Und wenn Sie schon startklar sind, springen Sie direkt zum Kassensturz (siehe „Das eigene Budget im Blick", Seite 21).

Rendite und Anlagedauer sorgen für Vermögenszuwachs

Sie denken, dass Sie nur so wenig beiseitelegen können, dass sich Sparen gar nicht lohnt? Das ist eine häufig genannte Sorge, wenn es um das Thema Geldanlage geht. Doch sie ist unbegründet. Denn auch mit vergleichsweise kleinen Beträgen können Sie etwas erreichen. Wichtig ist vor allem ein langer Anlagehorizont. Je länger Sie Geld anlegen, desto aktiver arbeitet das angelegte Geld für Sie. Wie viel das bringen kann, zeigt die Grafik „Das Vermögen (fast) verdoppeln" auf der rechten Seite.

Angenommen, Sie legen 20 Jahre lang monatlich 100 Euro an. Bei einer jährlichen Rendite von durchschnittlich 6 Prozent lägen am Ende über 45 000 Euro auf Ihrem Konto. 24 000 Euro davon hätten sie selbst eingezahlt und über 21 000 Euro wären vom angelegten Geld selbst erwirtschaftet – eine ziemlich stolze Summe. Grund dafür ist der Zinseszinseffekt. Mehr dazu auf Seite 18 unter „Wie vermehrt sich Geld eigentlich?".

Wer also im Alter von 30 Jahren anfängt, über einen ETF-Sparplan eine zusätzliche Altersvorsorge aufzubauen, kann darauf hoffen, mit 67 Jahren ein stolzes Vermögen zusammengespart zu haben – selbst dann, wenn es weniger als durchschnittlich 6 Prozent gäbe. Auf die Rendite gibt es keine Garantien, doch generell ging es langfristig immer aufwärts (siehe Seiten 12–13).

Die erste Faustformel für den Vermögensaufbau liegt auf der Hand: Je länger Sie sparen und je höher die durchschnittliche Rendite ist, desto stärker wächst Ihr Vermögen an. Das bedeutet im Umkehrschluss auch, dass Nichtstun und damit der Verzicht auf Zinsen finanziell richtig wehtun. Denn gleichzeitig steigen aufgrund der Inflation schließlich auch Ihre Lebenshaltungskosten an. Das bedeutet: nicht angelegtes Geld auf dem Girokonto oder dem Sparbuch verliert von Jahr zu Jahr an Kaufkraft (siehe „Warum verliert Geld an Wert?", Seite 19). Allein schon aus diesem Grund ist Passivität keine gute Strategie bei der Geldanlage.

Das Vermögen (fast) verdoppeln – trotz geringer Sparsumme

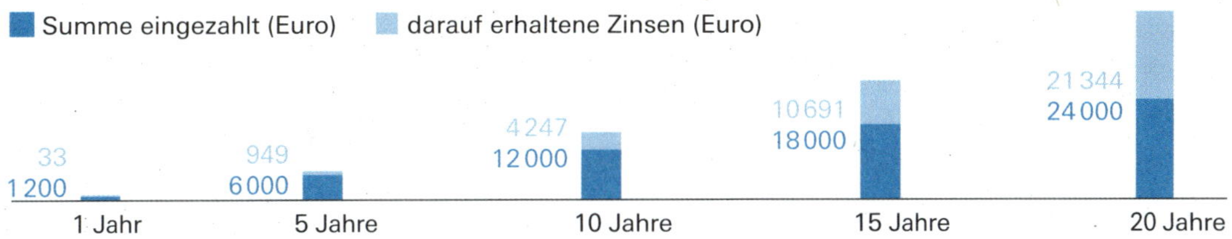

Richtig angelegt: Wer 20 Jahre lang monatlich 100 Euro spart, bei durchschnittlich 6 Prozent Rendite pro Jahr, hat die Chance, sein Vermögen am Ende fast zu verdoppeln. Ohne die Geldanlage wären Ihnen über 20 000 Euro an Rendite entgangen.

Quelle: Eigene Berechnungen. Rendite orientiert an der offensiven Variante des Pantoffel-Portfolios, Details dazu siehe Seite 54.

Ziele helfen dabei, am Ball zu bleiben

Eine weitere erprobte Möglichkeit, um vom Wollen ins Tun zu kommen, ist das Setzen und anschließende Veranschaulichen von Zielen. Ziele können helfen, den inneren Schweinehund zu besiegen. Das kann das Anlegen eines Notgroschens sein, die Erfüllung eines lange gehegten Traums oder das Angehen des eigenen Vermögensaufbaus. Das Augenmerk liegt so auf der Zukunft und dem mit der Zeit immer greifbarer werdenden Ziel, weniger darauf, in der Gegenwart sparen und sich womöglich einschränken zu müssen. Als Anregung finden Sie einige Ziele im Abschnitt „Das Ziel bestimmt den Weg" ab Seite 25.

Eine Studie des Wiener Instituts für höhere Studien (IHS) zeigte, dass eine Erinnerung an die selbst gesteckten Ziele die Motivation zu sparen fördert. Versuchspersonen mit einem klaren Ziel vor Augen sparten sogar mehr als eine Kontrollgruppe ohne diesen Motivationshelfer. Dieses Nudging, zu deutsch „Anstupsen", wie es der Wirtschaftswissenschaftler, Verhaltensökonom und Nobelpreisträger Richard Thaler nennt, hilft ungemein bei der Motivation.

Einmal aufraffen – und danach reine Routine

Die Ersteinrichtung mag möglich sein, aber sich jeden Monat, den Rest des Lebens, darum kümmern? Dann lieber doch gleich gar nicht, oder?

Ganz im Gegenteil. Mittlerweile gängige Angebote von Banken und Depotanbietern helfen Ihnen bei der Routine: Sie bieten Sparpläne an. Sie müssen also nur einmal die Inhalte dieses Sets durchgehen und einen Sparplan anlegen – und danach läuft es praktisch automatisch: Monat für Monat, Jahr für Jahr, unabhängig vom kurzfristigen Auf und Ab der Kurse, von schwer zu deutenden Wirtschaftsnachrichten oder von den neuesten Krisen und Entspannungen in der Weltpolitik. Nur einmal jährlich müssen Sie einen Blick auf Ihre Geldanlage werfen und gegebenenfalls aktiv werden, wenn die Gewichtung nicht mehr Ihrem zuvor gewählten Risikoprofil entspricht (Risikoprofil siehe Seite 50, Rebalancing siehe Seite 90).

Die Ausführung des Sparplans richten Sie am besten direkt nach Eingang Ihres Gehalts ein. So werden Sie bald gar nicht mehr bewusst wahrnehmen, dass Ihnen der Betrag der Sparrate auf dem Konto „fehlt".

Trotz übler Crashs ging es langfristig steil nach oben. Die internationalen Aktienmärkte kennen langfristig nur eine Richtung: aufwärts. Alle paar Jahre bremst ein Crash den Aufschwung. Nach der Jahrtausendwende gab es abrupte Wechsel zwischen rasanten Aktienrallyes und extremen Kurseinbrüchen.

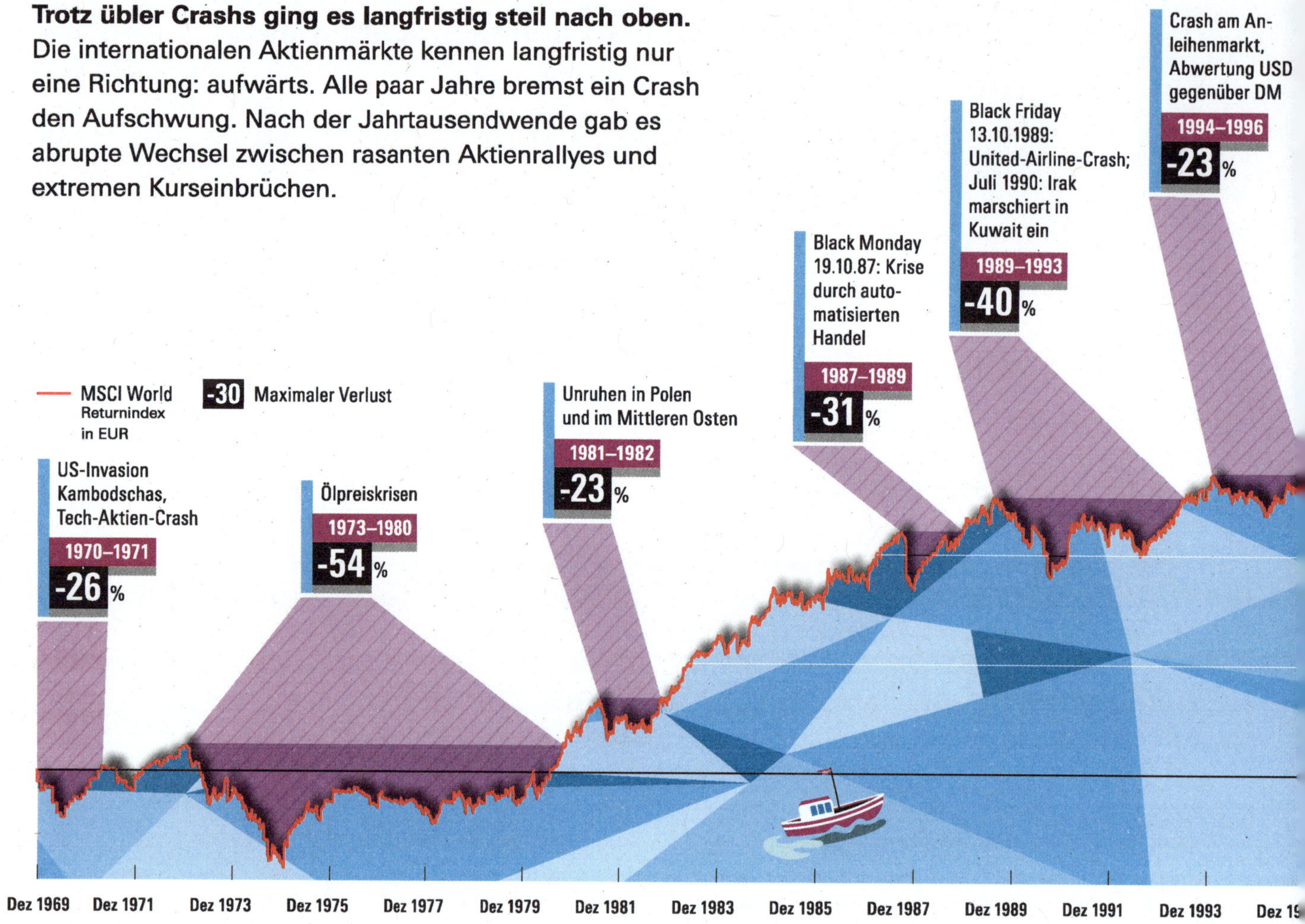

Finanzielle Bildung und die eigene Einstellung zu Geld

Warum fällt es uns Deutschen trotz der rationalen Einsicht, dass Geld nützlich ist, eigentlich so schwer, uns darum zu kümmern? Einige Hindernisse lassen sich verdeutlichen und leicht aus dem Weg räumen.

➜ **Über Geld sprechen:** Geld ist für viele Menschen von Kindheit an ein Tabuthema. Wenn schon in der Familie nicht offen darüber gesprochen wurde, verfestigt sich diese Haltung bis ins Erwachsenenleben hinein. Also: Sprechen Sie über Geld – mit dem Partner oder der Partnerin, mit Geschwistern oder Freunden und mit Ihren Kindern. Das mindert die Scheu davor und hilft bei Entscheidungen.

➜ **Keine Vorurteile:** Einige Menschen verbinden eine Art Misstrauen mit reichen Menschen. Nicht umsonst gibt es das Sprichwort, Geld würden den Charakter verderben. Bei solch negativen Einstellungen gegenüber Geld und Vermögen kann kein positives Verhältnis zum Geld entstehen. Sollte das auf Sie zutreffen, stellen Sie Ihren Vorurteilen positive Erfahrungen und Ihre eigenen besten Absichten beim Vermögensaufbau gegenüber.

➜ **Nicht komplex:** Die Finanzwelt scheint kompliziert, voller Fachbegriffe und schneller Trends. Doch all das Getöse ist mehr Schein. Viele Berater verdienen ihr Geld mit dem Blick in die Glaskugel und verkomplizieren die Materie unnötig. Ihre Strategie:

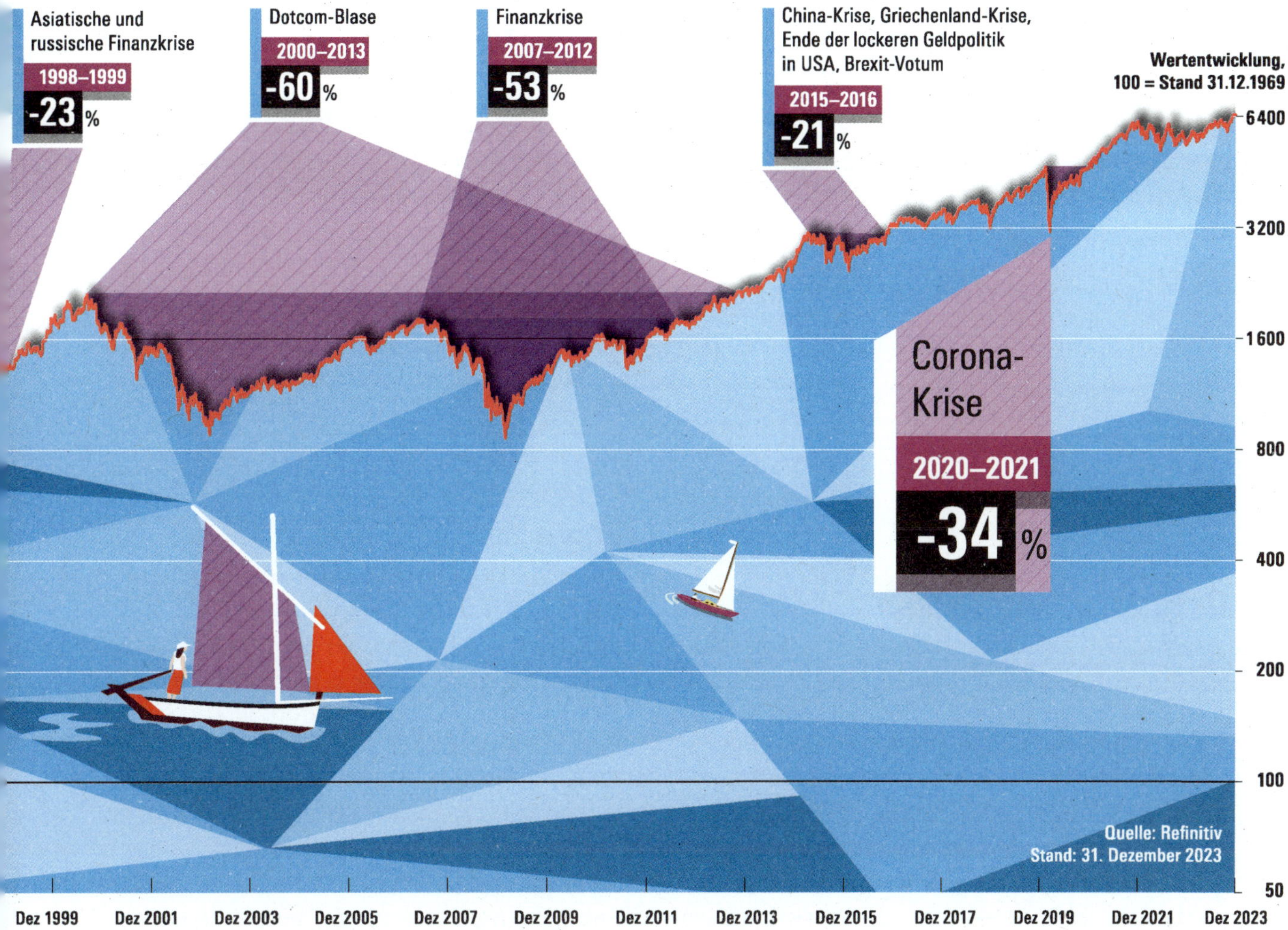

Interessenten bräuchten unbedingt ihre Hilfe – und das kostet. Dabei zeigen Studien wie die Scope- sowie die SPIVA-Studie, dass nach spätestens zehn Jahren die meisten aktiv gemanagten Fonds schlechter abschneiden als vergleichbare passive Indexfonds. Wer sich also nicht in die Tiefe der Materie einarbeiten möchte, verfolgt eine unkomplizierte Strategie – und streicht damit langfristig höchstwahrscheinlich eine höhere Rendite ein als die Profis. Wie einfach das geht, erfahren Sie im Kapitel „Die einfache Strategie von Finanztest", Seite 29.

➜ **Einfach anfangen:** Die Furcht, falsche Entscheidungen zu treffen, sitzt bei vielen Menschen tief. Doch die unbestimmte Furcht vor der nächsten Krise auszusitzen und deswegen über Jahre gar nicht zu investieren, wird am Ende zu mehr Verlust führen als einfach den Sprung zu wagen. Also: Machen Sie die ersten Schritte bald und konsequent. Die Gefahr, den absolut schlechtesten Einstiegszeitpunkt erwischt zu haben, ist äußerst gering. Dadurch, dass Sie nicht eine größere Summe einmalig anlegen, sondern sich Ihr Vermögen über einen monatlichen Sparplan langsam aufbaut, verringert sich noch weiter das Risiko, in der befürchteten schlechtestmöglichen Zeit eingestiegen zu sein. Und selbst wenn die Kurse einmal fallen sollten: Ihre Strategie ist auf einen langen Zeitraum von mindestens zehn Jahren ausgelegt. Der Blick in die Vergangenheit zeigt, dass bisher noch jede Krise nach einiger Zeit ausgeglichen wurde.

Die 12 wichtigsten Fragen

Brennen Ihnen direkt einige Fragen unter den Nägeln? Dann sind Sie hier richtig. Wir geben Antwort auf 12 wichtige Fragen. Wollen Sie sich in eines der Themen direkt vertiefen, finden Sie im Text den Verweis auf das jeweilige Kapitel, in dem der Aspekt genauer erklärt wird.

Frage 1: Ist diese Geldanlage für Laien verständlich?

Keine Sorge: In diesem Buch lernen Sie eine Möglichkeit kennen, Ihr Geld sicher und gewinnbringend anzulegen, für die Sie keinerlei Vorkenntnisse brauchen. Die Expertinnen und Experten von Finanztest haben eine Form der Geldanlage entwickelt, die so unkompliziert und bequem ist wie Ihr eigener Pantoffel: Das „Pantoffel-Portfolio" ist leicht verständlich, lässt sich schnell einrichten und auf Ihre individuellen Bedürfnisse anpassen.

Das Geldanlage-Set begleitet Sie Schritt für Schritt auf dem Weg zu dieser einfachen Geldanlage. Finanzielles Vorwissen ist dafür nicht notwendig. Wissenswerte und interessante Hintergründe zur Praxis flankieren die einzelnen Schritte. Die wichtigsten Grundbegriffe werden als Stichworte kurz und prägnant erklärt.

Sie können sich auf die am Rand eingerückten, blau markierten Schritt-für-Schritt-Anleitungen und Checklisten samt Ausfüllhilfen beschränken und die ganze Einrichtung damit in etwa drei Stunden erledigen – oder auch vertiefende Grundlagen kennenlernen. Am Ende verfügen Sie in jedem Fall über eine Geldanlage, der Sie nur noch etwa einmal im Jahr etwas Aufmerksamkeit widmen müssen.

Frage 2: Wie funktioniert das Pantoffel-Portfolio von Finanztest?

Das Pantoffel-Portfolio ist frappierend einfach. Es besteht aus zwei Bausteinen: einem Sicherheits- und einem Renditebaustein.

Der erste Baustein bringt Ihnen feste Zinsen ein – und damit Sicherheit. Die Zinsen waren lange Zeit niedrig, lohnen sich aber inzwischen wieder. Zudem ist Ihr Vermögen hier keinen Schwankungen unterworfen, wie es am Aktienmarkt der Fall sein kann. Sollte es an der Börse mal schlecht laufen, federt dieser Baustein Sie ab.

Damit Ihr Vermögen deutlich wächst, gibt es den zweiten Baustein. Dieser besteht aus Aktienanlagen in Form von sogenannten ETF (Exchange Traded Funds, börsengehandelte Indexfonds, siehe Seite 32). Sie bilden bestimmte Indizes ab, in denen zum Teil Tausende von Aktien enthalten sein können, von Unternehmen aus der ganzen Welt. So streuen Sie das Risiko sehr breit.

Die Mischung beider Bausteine hat den Effekt, dass Sie die Rendite an der Börse mitnehmen, ohne dem vollen Risiko von Kursschwankungen ausgesetzt zu sein. Wie viel genau Sie sich der Börse mit all Ihren Chancen, aber auch Risiken aussetzen wollen, können Sie selbst bestimmen, indem Sie Ihr Risikoprofil festlegen. Dadurch steuern Sie die Verteilung Ihres monatlichen

Sparbeitrags auf die beiden Bausteine. Wie das geht, erfahren Sie ab Seite 50 .

Frage 3: Was brauche ich alles für eine gute Geldanlage?

Nicht viel. Die wichtigste Voraussetzung haben Sie vermutlich bereits: ein Girokonto. Dazu brauchen Sie ein (an sich kostenloses) Tages- oder Festgeldkonto sowie ein Depot bei einem Depotanbieter oder Broker. Auch hier gibt es sehr günstige bis kostenlose Angebote, die Finanztest regelmäßig untersucht (siehe Seite 75). Für die Eröffnung und Einrichtung der Konten und des Depots benötigen Sie einen Computer oder ein Smartphone und Ihren Personalausweis für die Online-Identifikation per Video. Mehr ist zum Start eines Basis-Portfolios nicht nötig. Das Konto brauchen Sie als Verrechnungskonto für Ihre Geldanlagen. Das heißt, Sie überweisen vor dort aus Geld auf ein Tagesgeldkonto oder an ein Depot, in dem Ihre Fondsanteile aufbewahrt werden. Umgekehrt werden Verkaufserlöse etwa bei Fonds vom depotführenden Institut wieder auf Ihr Girokonto überwiesen.

Frage 4: Kann ich auch mit wenig Geld beginnen?

Sie können selbstverständlich auch mit vergleichsweise geringen monatlichen Beträgen nach der Pantoffel-Methode anlegen. Über einen langen Anlagezeitraum – auch Anlagehorizont genannt – summieren sich selbst kleinere Beträge zu einem Vermögen auf. Grund hierfür ist der Zinseszinseffekt, durch den Sie nicht nur auf Ihre Einzahlungen, sondern zunehmend auch auf Ihre bereits zuvor verdienten Zinsen weitere Zinsen erhalten (siehe dazu auch Seite 18).

Bei vielen Depotanbietern sind monatliche Sparpläne schon ab 25 Euro im Monat möglich. Wir empfehlen dafür ETF. Was das genau ist und wie das funktioniert, erfahren Sie ab Seite 33.

Frage 5: Frisst die Inflation mein Vermögen langfristig auf?

Für Geld auf Ihrem Girokonto gibt es schon lange keine Zinsen mehr. Gleichzeitig ist die Inflation der Grund, weshalb Ihr Geld über die Jahre langsam, aber sicher an Kaufkraft verliert. Dennoch ist eine geringe Inflationsrate von etwa 2 Prozent wichtig für eine gesunde Wirtschaft – und damit für Wachstum und steigenden Wohlstand. Die Details dazu erfahren Sie im Kapitel „Warum verliert Geld an Wert?“, siehe Seite 19.

Um gegen den fortlaufenden Kaufkraftverlust anzugehen, sollten Sie im ersten Schritt das Ersparte auf ein Tages- oder Festgeldkonto überweisen. Hier gibt es gute Angebote, die ansehnliche Zinsen bieten – über der Inflationsrate. Unter test.de/festgeld und test.de/tagesgeld finden Sie stets aktuell alle seriösen Anbieter und deren Konditionen.

Doch Sie müssen sich damit nicht begnügen. Mit dem Pantoffel-Portfolio, das aus einem Sicherheits- und einem Renditebaustein besteht, können Sie auf lange Sicht nicht nur dem Kaufkraftverlust ein Schnippchen schlagen, sondern langfristig ein eigenes Vermögen aufbauen. Wie das funktioniert, können Sie im Kapitel „Die einfache Strategie“ ab Seite 30 nachlesen.

Frage 6: Wie finde ich heraus, wie viel ich sparen kann?

Die gute Nachricht: Sparen geht immer! Wenn Sie das Gefühl haben, dass am Monatsende regelmäßig nichts übrig ist, hilft eine Bestandsaufnahme. Verschaffen Sie sich einen systematischen Überblick über Ihre Finanzen, indem Sie ermitteln, wie viel Sie aus allen bekannten Quellen einnehmen und was Sie im Monat ausgeben. Selten anfallende Posten wie die Kfz-Versicherung rechnen Sie entsprechend anteilig hinein.

Dabei kann ein Haushaltsbuch oder eine App helfen. Dann überprüfen Sie Ihre Ausgaben kritisch. Gegebenenfalls hilft es, sich für bestimmte Ausgaben, zum Beispiel Restaurantbesuche, selbst ein festes monatliches Budget zu setzen. Den Überschuss der Einnahmen nach allen Ausgaben können Sie beiseitelegen und damit Ihren Vermögensaufbau betreiben. Auch kleine Beträge können im Lauf der Zeit zu beträchtlichen Summen anwachsen! Wie Sie Ihr Budget ermitteln und was es noch zu beachten gibt, beschreiben wir ab Seite 21.

Frage 7: Wie viel Zeit muss ich für meine Geldanlagestrategie aufbringen?

Das von Finanztest entwickelte Pantoffel-Portfolio vereint gleich mehrere Vorzüge. Sie können damit mit wenigen Schritten eine rentable und sichere Geldanlage aufbauen, die Sie nur einmal im Jahr überprüfen müssen. Die Schritte zur anfänglichen Einrichtung können Sie mit Hilfe dieses Buches in etwa drei Stunden erledigen.

Frage 8: Welche finanziellen Ziele sind realistisch?

Zwei Faktoren sind für diese Einschätzung wichtig. Je länger Sie sparen und je mehr Sie beiseitelegen können, desto höher wird am Ende Ihr Vermögen sein. Weiterhin entscheidend ist die Auswahl Ihres individuellen Risikoprofils, bei dem Sie mehrere Faktoren berücksichtigen sollten. Näheres dazu finden Sie auf Seite 50.

Selbst mit kleinen Beträgen kann sich im Lauf der Zeit ein ansehnliches Vermögen ansammeln. Ein Beispiel: Wer über 30 Jahre lang 50 Euro im Monat spart – in einem ausgewogenen Pantoffel-Portfolio mit 50 Prozent Tages- beziehungsweise Festgeld und 50 Prozent Aktien-ETF sowie einer durchschnittlichen Rendite von 5 Prozent pro Jahr – der könnte am Ende auf über 40 700 Euro blicken. Anhand des Sparrechners von Finanztest unter test.de/spar-rechner können Sie die erforderlichen Sparsummen und Anlagezeiträume für Ihr persönliches Sparziel leicht herausfinden.

Frage 9: Sind Welt-Aktien-ETF nicht zu risikoreich für Kleinanleger?

Welt-Aktien-ETF sind für langfristig orientierte Anlegerinnen und Anleger gedacht. Kurzfristig kann es – so wie in der Vergangenheit – immer wieder zu kleineren oder teils auch heftigeren Einbrüchen kommen. Die Vergangenheit zeigt aber ebenso, dass die Kurse über einen gewissen Zeitraum hinweg stets wieder auf das Ausgangsniveau vor der jeweiligen Krise zurückgekehrt und von dort weiter gestiegen sind. Auf kurze Sicht sind große Schwankungen durchaus möglich. Aber bisher haben sich die Börsen im Verlauf einiger Monate, schlimmstenfalls weniger Jahre stets wieder erholt – und langfristig gesehen, ging es bisher immer aufwärts. Daher heißt es im Fall von kurzfristigen Schwankungen, die Nerven zu be- und die Füße stillzuhalten. Solange man seine Fondsanteile nicht verkauft, wird der Verlust nicht real: ein sogenannter Buchverlust.

Des Weiteren begegnet die Pantoffel-Strategie den Schwankungsrisiken des Aktienmarkts durch eine breite Streuung der Aktienanlagen auf viele Länder und Unternehmen. Für einen Totalverlust müssten praktisch alle im Welt-ETF enthaltenen Unternehmen pleitegehen – und sich nie wieder erholen. Das ist nicht zu erwarten. Für das eingegangene Risiko werden Fondsanleger und -anlegerinnen im Gegenzug mit einer vergleichsweise hohen Rendite belohnt. Wie Sie mit dem Pantoffel-Portfolio die Risiken an der Börse zumindest verringern können, erfahren Sie ab Seite 50.

Frage 10: Kann ich mein Geld auch nachhaltig anlegen?

Immer mehr Menschen wollen mit ihrem Geld nur saubere Geschäfte unterstützen. Inzwischen gibt es eine große Auswahl sowohl an nachhaltigen Zinsanlagen, die einen sicheren Ertrag einbringen, als auch an nachhaltigen Fonds. Doch können Sie sich sicher sein, dass auch drin ist, was draufsteht?

Bei der Auswahl von ethisch-ökologischen Anlagen hilft die Nachhaltigkeitsbewertung von Finanztest. Welche Möglichkeiten es für Ihre Geldanlage gibt und wie Sie sich gegen Greenwashing, also einen grünen Anstrich gar nicht grüner Anlagen wappnen, erklären wir ab Seite 36.

Frage 11: Wie sicher ist mein Geld?

Immer wieder gehen selbst große Banken pleite. Sie haben in solchen Fällen jedoch nichts zu befürchten, wenn Sie wenige Hinweise beachten. Denn in der Europäischen Union sind Einlagen bei Banken, Sparkassen oder Genossenschaftsinstituten bis zu einer Summe von 100 000 Euro pro Bank und Anleger im Falle einer Insolvenz gesichert. Der Teufel steckt aber oft im Detail (siehe „Vorsicht bei verlockenden Angeboten auf Zinsportalen“, Seite 63).

Auch Fonds und ETF in Ihrem Depot können durch eine Pleite nicht verloren gehen. Die Wertpapiere sind ein Sondervermögen, auf das in diesem Fall weder Gläubiger noch Insolvenzverwalter einen Zugriff haben. Vor Kursschwankungen schützt der staatliche Sicherheitsschirm allerdings nicht.

Frage 12: Kann ich das Portfolio ausbauen, wenn es mich überzeugt?

Am Anfang steht das Basis-Investment aus einem Sicherheits- und einem Renditebaustein. Wenn Sie damit vertraut sind oder einfach Spaß und Interesse an der Geldanlage gewonnen haben, können Sie den Basis-Pantoffel durch vielerlei Beimischungen spannender gestalten. Über die Möglichkeiten und ihre Chancen und Risiken erfahren Sie ab Seite 84 mehr.

Wie vermehrt sich Geld eigentlich?

Von allein gar nicht. Erst wenn es „arbeitet" und nicht faul auf dem Girokonto herumliegt, bringt es etwas ein. Denn so hält es die Wirtschaft in Gang – und das wird belohnt.

Mit Zinsen ist wohl jeder schon einmal in Berührung gekommen – wenn auch im negativen Sinn. Denn für die zeitweise Überziehung des Girokontos gewähren Banken Dispositionskredite, umgangssprachlich auch Dispo genannt. Und dafür werden happige Überziehungszinsen fällig. Auch ein Ratenkauf ist in der Regel mit Zinsen verbunden – für das Vorrecht, nicht alles auf einmal zahlen zu müssen, zahlen Sie am Ende mehr als den eigentlichen Kaufpreis. Schließlich leihen Ihnen in diesen Fällen eine Bank oder ein Händler Geld – sie gewähren Ihnen einen Kredit. Und das lassen sie sich in Form eines Prozentsatzes der geliehenen Summe vergüten.

➜ **Zins:** Umgekehrt funktioniert es genauso. Wenn Sie zum Beispiel etwas auf ein Tages- oder Festgeldkonto einzahlen, erhalten Sie dafür Zinsen. Die Bank bezahlt Ihnen etwas für das anvertraute Vermögen, unabhängig von dessen Höhe. Damit macht das Institut Geschäfte. Ihr Lohn ist der Zinsertrag. Solche Zinsanlagen sind sehr sicher. Deshalb bilden sie auch einen wichtigen Bestandteil Ihrer Finanzstrategie. Wie sie funktionieren, erfahren Sie ab Seite 53.

➜ **Zinseszins:** Erst mit Zinseszinsen wird langfristiger Vermögensaufbau so richtig spannend. Denn die verdienten Zinsen von gestern sind Ihr eigenes Vermögen von heute. Und auf das Vermögen gibt es Zinsen. Sie erhalten also nicht nur auf Ihre Einzahlungen einen Zinssatz, sondern auch auf die früher bereits verdienten Zinsen. Das nennt man den **Zinseszinseffekt**.

➜ **Rendite I:** Über **Aktien** kaufen Sie einen kleinen Anteil an einem an der Börse gelisteten Unternehmen und profitieren so von dessen Erfolg. Viele Unternehmen schütten auch Gewinnbeteiligungen in Form von Dividende aus. Arbeitet das Unternehmen erfolgreich, steigt in der Folge oft der Kurswert der Aktie. Mehr Personen wollen Firmenanteile erwerben als es Personen gibt, die sie verkaufen wollen – Angebot trifft auf Nachfrage. Ihr kleiner, einstmals gekaufter Anteil ist mit Glück in ein paar Jahren mehr wert als der Betrag, für den Sie ihn einst erworben haben. Die Entwicklung kann aber auch umgekehrt verlaufen. Einzelaktien bergen daher ein größeres Risiko.

➜ **Rendite II:** Um sich nicht dem Risiko eines einzelnen Unternehmens aussetzen zu müssen, gibt es **Aktienfonds**. Sie sind ein Korb voll mit verschiedensten Unternehmensaktien. Dadurch wird das Risiko gestreut, also auf mehrere Unternehmen verteilt. Ein Fondsmanager wählt die Firmen aktiv auf Grundlage seiner Recherche aus.

➜ **Rendite III:** Auch ein **ETF** ist ein Korb voller Aktien verschiedenster Unternehmen. Diese werden jedoch nicht aktiv von einem Fondsmanager ausgewählt, was Kosten spart. Die Zusammensetzung richtet sich nach einem Index – etwa dem Index MSCI World. Mehr dazu erfahren Sie ab Seite 32.

Warum verliert Geld an Wert?

Angenommen, Sie benötigen aktuell 1000 Euro im Monat zum Leben. Warum sollte dann in 30 Jahren eine Rente von 1000 Euro monatlich nicht ausreichen?

Beim Stichwort Inflation denken Sie sicher zunächst an die davon galoppierenden Preise der letzten Jahre. Die 1000 Euro aus dem Beispiel bleiben dabei zwar 1000 Euro. Aber schon innerhalb der letzten zwei Jahre konnten Sie sich dafür längst nicht mehr die gleiche Menge an Waren kaufen wie einst. Die Kaufkraft des Geldes nimmt ab.

Warum Inflation notwendig ist

Nach Auffassung des Rats der Europäischen Zentralbanken sollte mittelfristig eine Inflationsrate von 2 Prozent angestrebt werden. Dies würde am ehesten zur Preisstabilität beitragen. Dabei sollen Schwankungen nach oben ebenso vermieden werden wie Ausbrüche unterhalb dieses Zielwertes.

Der Grund ist vor allem die Sorge vor dem gegenteiligen Effekt, der noch viel stärkere Auswirkungen auf die Wirtschaft hätte: die Deflation. Dies würde bedeuten, dass Waren morgen günstiger sind als heute. Was zunächst einmal verlockend klingen mag, hätte für die Wirtschaft sehr negative Auswirkungen. Unternehmen wüssten beispielsweise, dass sie morgen weniger Gewinn machen werden als heute und müssten gegebenenfalls Sparmaßnahmen ergreifen und Stellen streichen – viele Menschen verlören also ihr Gehalt. Ausgaben würden zögerlicher getätigt werden – denn die Tonne Stahl oder der Container Weizen wären morgen schließlich billiger zu bekommen als heute. All das würde die Wirtschaft und das Wachstum verlangsamen oder ganz zum Erliegen bringen – und damit letztlich auch unseren Wohlstand.

Warum dann nicht einfach 0 Prozent Inflation? Wirtschaftlich möchten Staaten weder Inflation noch Deflation. Da eine milde Inflation aber besser zu verkraften ist und sie eine Sicherheitsmarge gegen das Abrutschens in die Deflation darstellt, liegt die angestrebte Inflationsrate in der Europäischen Union bei besagten 2 Prozent.

Und in der Praxis? Vor der hohen Inflation der vergangenen Jahre herrschte fast ein ganzes Jahrzehnt lang eine Inflationsrate von unter 2 Prozent. So sehr die aktuell hohe Inflationsrate also wehtut, gemittelt über die Jahre und Jahrzehnte liegt die Rate tatsächlich bei etwa 2 Prozent.

Inflation und Wertzuwachs

Mit dem russischen Angriff auf die Ukraine schossen zunächst die Energiepreise in ungeahnte Höhen. Dann folgten die sogenannten Zweitrundeneffekte. Produkte und Dienstleistungen verteuerten sich massiv, die Gewerkschaften setzten Lohnsteigerungen durch. Das Gespenst der Inflation, die das Land vor 100 Jahren schon einmal überzogen hatte, war wieder da. Das bedeutet, Sie müssen heute für dieselben Waren und Dienstleistungen mehr Geld ausgeben als noch 2021.

So nagt die Inflation am Ersparten

1000 Euro sind real nach … Jahren bei einer Inflationsrate von … Prozent nur noch so viel wert.

Jahre/ Inflationsrate	1 %	2 %	3 %	4 %	5 %	6 %	7 %
1 Jahr	990	980	971	962	952	943	935
5 Jahre	951	906	863	822	784	747	713
10 Jahre	905	820	744	676	614	558	508
15 Jahre	861	743	642	555	481	417	362
20 Jahre	820	673	554	456	377	312	258
30 Jahre	742	552	412	308	231	174	131

Quelle: Eigene Berechnungen

Für Sparer ist solch eine Entwicklung bedeutsam. Denn wer Geld anlegt, erhält dafür zwar Zinsen, Dividenden oder kann sich langfristig über eine gewisse durchschnittliche Rendite pro Jahr freuen. Doch die Inflation frisst zumindest einen Teil des Zuwachses wieder auf.

Angenommen, Sie bekommen von der Bank für Ihr dort angelegtes Tagesgeld 4 Prozent Zinsen. Ebenfalls angenommen, die Inflationsrate liegt, wie im Jahr 2023, bei etwa 6 Prozent. Dann verlor Ihr Guthaben in diesem Jahr real 2 Prozent an Kaufkraft, weil die Verzinsung die Geldentwertung nicht ausgleichen konnte.

Inzwischen sinkt die Inflationsrate jedoch wieder. Im Dezember 2023 lag sie bei 3,7 Prozent und damit unter den besten derzeitigen Zinsangeboten für Tagesgeld. So angelegt, würde Ihr Vermögen also wachsen – wenn auch nur langsam. Zinsanlagen wie Tages- und Festgeld haben aber nur zweitrangig die Funktion, Ihr Vermögen wachsen zu lassen. Geld in diesen Anlageformen hat eine andere Funktion: Es ist ein Sicherheitsbaustein, der zwar wenig Gewinne abwirft, dafür aber auch keinen Schwankungen unterworfen ist wie der Teil Ihres Vermögens, der von Börsenkursen abhängig ist.

Eine Rendite, die dauerhaft die Inflationsrate übertrifft, lässt sich auf längere Sicht nur mit zusätzlichen Aktienanlagen erbringen. Nur mit so einem Renditebaustein lässt sich der Kaufkraftverlust in der Regel vermeiden und über die Jahre und Jahrzehnte ein echtes Vermögen aufbauen.

Die Kombination beider Bausteine, Sicherheit und Rendite, macht das Prinzip des Pantoffel-Portfolios aus. In welchem Verhältnis Sie die beiden Bausteine kombinieren, entscheiden Sie selbst. Wie Sie diese Entscheidung mit wenig Aufwand treffen und Ihr Risikoprofil an Ihrer Lebenssituation und Ihrer Selbsteinschätzung ausrichten, erfahren Sie im Kapitel „Risiken kennen, einschätzen und danach handeln“ ab Seite 50.

Das eigene Budget im Blick: Einnahmen minus Ausgaben

Zeit für einen Kassensturz: Nach Eingang Ihres Gehalts gehen von Ihrem Konto die unterschiedlichsten Zahlungen ab. Welche sind das – und was bleibt am Monatsende übrig?

Viele Menschen können am Monatsende nicht genau nachvollziehen, wo Ihr Einkommen abgeblieben ist. Doch bevor Sie dieser Frage auf den Grund gehen, müssen Sie noch einen Schritt zurück gehen – zu Ihrem Einkommen. Erst wenn das vollständig aufgelistet ist, wissen Sie, von welcher Ausgangssumme Sie die Ausgaben abziehen müssen. Übrig bleibt der Betrag, über den Sie frei verfügen können.

Einnahmen – Gehalt & Co

Einnahmen bestehen natürlich zu einem großen Teil aus dem eigenen monatlichen Gehalt, aber nicht ausschließlich. Selbstständige oder Personen mit unregelmäßigen Monatsgehältern haben es hier schwerer und müssen einen eher niedrig angesetzten Durchschnittswert annehmen. Bei vielen Menschen kommen aber noch weitere Posten hinzu. Erhalten Sie beispielsweise Kindergeld, Unterhalt, ein Stipendium oder Unterstützung aus der Verwandtschaft? Bekommen Sie Tantiemen aus Veröffentlichungen ausgeschüttet, verkaufen Sie relativ regelmäßig Dinge über Kleinanzeigen, haben Sie noch einen kleinen Nebenjob oder vermieten Sie ein Zimmer, die Garage oder eine ganze Wohnung? Auch wenn Ihnen manches wie Peanuts erscheint, sollten Sie alles notieren. Hilfestellung bietet Ihnen dabei die Checkliste „Das sind meine Einnahmen" auf Seite 111.

Ausgaben – fix und variabel

Die regelmäßigen Ausgaben für Miete, Energie oder das Fitnessstudio sind zwar präsent, doch viele kleinere Posten wie der Kaffee zwischendurch oder das günstige Shirt beim Shopping-Bummel geraten schnell in Vergessenheit. Erstere werden auch Fixkosten genannt, letztere bilden die variablen Kosten. Dazu kommen noch jene Rechnungen, die nur quartalsweise oder jährlich abgebucht werden, wie etwa Versicherungen, Abos oder Mitgliedschaften. Noch versteckter sind die ganz großen Ausgaben für die ein oder zwei Urlaube im Jahr, für das neue Küchengerät, das neue Auto oder Geschenke, wenn Sie zu Geburtstagen oder einer Hochzeit eingeladen sind.

Verschaffen Sie sich über Ihre Ausgaben einen Überblick. Im Anhang dieses Buches finden Sie mit der Checkliste „Das sind meine Ausgaben" auf Seite 115 eine Vorlage, um alle Ihre Ausgaben aufzulisten.

Mühsam, aber gut für den Überblick: Das Haushaltsbuch

Tipp für ganz Fleißige: Führen Sie ein halbes Jahr oder – noch besser – sogar ein ganzes Jahr lang ein Haushaltsbuch. Darin wird jede einzelne Ausgabe erfasst, bis hin zur Kugel Eis im Sommer. So können Sie sich eine vollkommene Übersicht über den Weg verschaffen, den Ihr Geld nimmt.

Checkliste: Das sind meine Einnahmen und Ausgaben

Mit einer Gegenüberstellung Ihrer Einnahmen und Ausgaben legen Sie den Grundstein. Unsere Checklisten zu den Einnahmen und zu den Ausgaben bieten Ihnen einen Überblick über die wichtigsten Bereiche und Posten, die Ihr Konto speisen oder belasten. Die Zeit, die Sie in diesen Vergleich investieren, zahlt sich aus.

→ S. 111

Wenn Sie es so genau wissen wollen, hilft Ihnen der Ratgeber „Das Spar-Set" der Stiftung Warentest. Hier finden sie im hinteren Teil des Buches Vordrucke für ein Haushaltsbuch über sechs Monate. Diese Formulare können Sie sich nach Erwerb des Ratgebers auch zusätzlich kostenlos online als PDF herunterladen. Dort sind sie mit ausfüllbaren Feldern versehen, die automatisch die monatlichen und schließlich auch absoluten Beträge zusammenrechnen.

Haushaltsbuch führen per App

Auch Apps können bei der Kontrolle Ihrer Ausgaben helfen. Einige werben damit, Ihre mit dem Smartphone bezahlten Einkäufe direkt einem Ausgabenkonto zuordnen.

Im Juni 2023 haben wir acht weit verbreitete Haushaltsbuch-Apps für Android sowie fünf Apps für iOS in Vollversion getestet.

Die Basisversionen der Apps sind gratis, für die volle Ausstattung mit allen Funktionen wird, von einer Ausnahme abgesehen, eine Gebühr verlangt. Geprüft wurden von uns die Vollversionen.

Einige Apps können mit dem Girokonto, dem Depot oder auch dem Tagesgeldkonto verknüpft werden. Dann wird jede Buchung dort ins Haushaltsbuch eingetragen. Allerdings müssen Sie Ihre Kontodaten dafür freigeben. Die Programme lassen sich jedoch auch ohne eine Freigabe der Daten nutzen. Sie sind dadurch etwas weniger bequem, dafür kommen Nutzerinnen und Nutzer aber ohne die Preisgabe der privaten Kontodaten aus. In diesem Fall schnitten die Anbieter allerdings schlechter ab als die mit einer Kontoverbindung. Manche Apps erhielten keine Bewertung, weil das Haushaltsbuch nur eine von vielen Funktionen ist.

Die besten Apps im Test heißen Finanzguru (3,99 Euro/Monat) und Wallet Finanztraker (6,99 Euro/Monat) mit der Note „Gut". Beide Apps sind mit dem Girokonto verknüpft. Apps dieser Art, die eine Verknüpfung mit dem Girokonto benötigen, lagen insgesamt in der Untersuchung vorn. Finanzguru überzeugte als einzige App mit einer sehr guten Handhabung. Wallet Finanztraker wiederum sammelte vor allem mit einer übersichtlichen Gestaltung Pluspunkte. Außerdem können ausgewählte Konten mit anderen geteilt werden.

Bei den Apps ohne Verknüpfung zum Girokonto ist Money Manager (Android 5,99 Euro, iOS 6,99 Euro, jeweils einmalig) die beste App.

Erfreulich fanden unsere Tester unter anderem, dass die Apps die Nutzerdaten in angemessenem Umfang schützen. In keiner der Apps konnten wir Sicherheitsmängel feststellen. Auch die AGB wiesen bei allen untersuchten Apps nur sehr geringe oder keine Mängel auf.

Raus aus den Abofallen

Mit dem Internet haben auch zahlreiche Onlinedienste Einzug in den Konsumalltag erhalten. Abonnements sind schnell abgeschlossen und geraten oft ebenso schnell wieder in Vergessenheit. Bezahlt werden müssen sie trotzdem. Nicht alle Verträge im

Netz kosten etwas. Soziale Netzwerke bedienen sich als Gegenleistung zum Beispiel Ihrer Daten und Ihres Nutzerverhaltens. Auch kann passieren, dass ein kostenloses Angebot in einen Bezahldienst umgewandelt wird oder ein Schnupperangebot nach Ablauf einer gewissen Zeit deutlich teurer wird. Auch hier gilt: Wer die Kontrolle behält, kann Ausgaben einsparen und dieses Geld für den Vermögensaufbau nutzen – ohne jede Einbuße an Lebensqualität.

Führen Sie sich mithilfe der Ausgaben-Checkliste im Anhang vor Augen, welche kostenpflichtigen Verträge und Abonnements Sie abgeschlossen haben. Überlegen Sie, ob Sie wirklich alle Dienste nutzen oder brauchen. Überflüssiges können Sie sich sofort sparen, indem Sie diese Verträge augenblicklich kündigen. Oft hilft auch ein Tarifvergleich und der Wechsel beispielsweise in einen günstigeren Mobilfunktarif.

Kündigen können Sie meist problemlos per Mail beim jeweiligen Anbieter. Beachten Sie jedoch, dass es Verträge mit Vertragsbindung beziehungsweise Mindestlaufzeiten gibt. Vor Ablauf dieser Fristen kommen Sie nicht aus ihnen heraus. Einen versehentlichen Doppelabschluss bei einem anderen Anbieter sollten Sie unbedingt vermeiden – sonst zahlen Sie doppelt, statt zu sparen.

Überschuss – so viel können Sie sparen

Nun haben Sie die Einnahmen und Ausgaben erfasst. Die Differenz ist für Ihr Sparvorhaben entscheidend.

Wenn die Einnahmen höher sind als die Ausgaben, kann der Differenzbetrag für den Vermögensaufbau verwendet werden. Stellt es sich umgekehrt dar, müssen Sie so viele Ausgaben einsparen, dass für das Sparen etwas übrig bleibt.

Checkliste: Das ist mein Budget

Ermitteln Sie Ihr Budget, also jene Summe, die Sie als Quelle Ihrer Geldanlage nutzen können. Wie hoch die Summe ist, die Sie zum Einstieg in Ihren Vermögensaufbau investieren können und welche Beiträge Sie regelmäßig monatlich aufbringen können und wollen, veranschaulichen Sie sich mit unserer Checkliste.

→ S. 119

Die Rechnung könnte beispielsweise so aussehen:

Monatliche Einnahmen	2548 Euro
Monatliche Ausgaben	– 2321 Euro
Überschuss zum Sparen	**227 Euro**

Wenn Sie Ihre Sparrate genau kennen und abschätzen können, dass dieser Betrag ganz sicher jeden Monat übrig bleiben sollte, empfiehlt es sich, den Dauerauftrag für den Sparplan (siehe Seite 74) direkt am Monatsanfang beziehungsweise nach Eingang des größten Postens – also vermutlich Ihres Gehalts – einzurichten.

Dieses Prinzip heißt „Bezahle dich selbst zuerst!“ Schließlich nehmen Sie sich mit Ihrem Sparplan nicht etwa etwas weg oder müssen sich beschränken. Im Gegenteil:

Sie zahlen sich selbst ein Gehalt – und zwar, bevor alle anderen etwas von Ihrem Geld abbekommen. Ist das Geld von Anfang an weggespart, fällt sein Fehlen im Lauf des Monats gar nicht weiter auf – und Sie kommen gar nicht erst nicht in Versuchung, einen etwaigen Überschuss am Monatsende doch noch anderweitig auszugeben.

Ein letzter Punkt: Vor dem Vermögensaufbau sollten nicht nur laufende Zahlungen, sondern auch ein Notgroschen gesichert sein. Bei der Visualisierung kann das Terrassenmodell helfen (siehe Seite 24), bei dem die Wasserbecken nacheinander gefüllt werden.

Das Terrassenmodell

Stellen Sie sich Ihr Einkommen wie eine Wasserquelle vor, die mehrere Schalen (oder separate Konten) füllen soll: Durch die Reihenfolge ist klar: Bevor es an den Vermögensaufbau geht, müssen die anderen Becken voll sein.

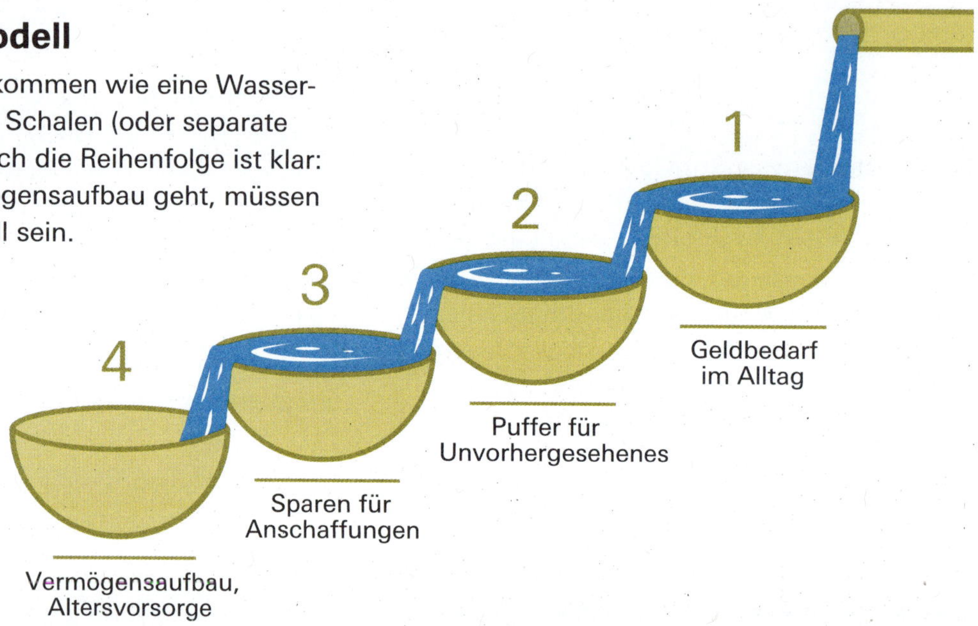

Der Notgroschen

Bevor es ans Sparen und Träumen geht, fehlt noch ein finanzieller Puffer für den Fall der Fälle, für die Unwägbarkeiten des Lebens. Das kann ebenso die kaputte Waschmaschine sein wie die Eigenbeteiligung bei einem Schadensfall. Schlimmerenfalls können Sie damit eine ungeplante längere Zeit mit wenig oder ganz ohne Einkommen, etwa wegen Arbeitslosigkeit oder Krankheit, abfedern. Wie der Name schon sagt, sollten Sie dieses Geld wirklich nur im Notfall antasten und in der übrigen Zeit liegen lassen.

Die Faustregel für den Notgroschen lautet, etwa drei Monatsgehälter auf der hohen Kante liegen zu lassen. Auch dieses Geld sollte auf einem Tagesgeldkonto liegen. Dort erwirtschaftet es Zinsen, ist im Notfall aber sofort abrufbar – an einen Notgroschen sollte man schließlich auch herankommen, wenn man ihn benötigt.

Wie Sie eine Bank mit attraktiven Tagesgeldangeboten finden und sich dort ein Konto einrichten, erfahren Sie im Kapitel „Sicherheitsbaustein mit Tagesgeld" ab Seite 58.

Die Habenseite – auf der hohen Kante

Schließlich wartet noch eine letzte Fleißaufgabe in diesem Abschnitt auf Sie. Es gilt, eine Gesamtübersicht über Ihr Geldvermögen aufzustellen, etwa anderweitiges Sparguthaben, um so das Startkapital für Ihre neue Finanzstrategie zu ermitteln. Diese Werte können Sie in Ihr Geldanlage-Vorhaben einbinden, notwendig (und möglich) ist das jedoch nicht immer.

Haben Sie beispielsweise noch Guthaben auf einem alten Sparbuch, wäre das Geld im Pantoffel-Portfolio deutlich besser angelegt – denn ein Sparbuch wirft praktisch keine Zinsen ab. An der geschenkten oder geerbten Panda-Goldmünze jedoch hängt oft genug auch ein ideeller Wert, abseits des reinen Geldwerts. Zudem unterliegt auch der Goldkurs Schwankungen. Alte Möbelstücke oder Kunst können noch schwerer mit einem konkreten Geldwert beziffert werden. Und das Geld in einer Immobilie oder einer laufenden Kapitallebensversicherung ist gebunden. Es kann nicht einfach flüssig gemacht werden.

Das Ziel bestimmt den Weg

Vielleicht befassen Sie sich rein vernunftmäßig mit der Anlage Ihres Geldes und haben eigentlich keine Lust dazu. Wecken Sie sie – mit einem konkreten Ziel!

Stellen Sie sich vor, was Sie mit Ihrer Geldanlage erreichen können. Je verlockender Ihnen dieses Ziel erscheint, desto einfacher wird es Ihnen fallen, darauf hinzuarbeiten.

Ziele formulieren und visualisieren

Welche Ziele haben Sie am Ende Ihrer fleißigen Sparperiode? Vielleicht ist es zunächst der Notgroschen, schlicht ein Stück Sicherheit, um zum Beispiel die unversehens defekte Waschmaschine durch eine neue ersetzen zu können.

Womöglich haben Sie auch größere Wünsche, die Sie sich endlich einmal erfüllen möchten – wie ein Campingbus für geplante Ferienreisen oder eine neue Küche für Ihre Wohnung.

Auch die ganz großen Vorhaben des Lebens können wichtige und motivierende Ziele darstellen: das Eigenheim oder ein finanzielles Polster im Alter.

Ihrer Fantasie sind keine Grenzen gesetzt. Notieren Sie sich die Ziele, erzählen Sie sie Ihren Freunden. Das hilft dabei, am Ball zu bleiben. Besonders bei den noch in weiter Ferne liegenden Zielen kann es helfen, sich vorzustellen, man sei schon auf halbem Wege dort – oder sich den bereits gegangenen Weg zu vergegenwärtigen. Auch das stärkt Ihr Durchhaltevermögen.

Ebenso hilft die Visualisierung, also die Vorstellung, man sei bereits am Ziel angelangt. Versuchen Sie zu spüren, wie beruhigend es sein kann, endlich das finanzielle Polster eines Notgroschens zu haben, mit dem Campingbus auf Reisen zu sein – oder endlich im Traumhaus wohnen zu können.

Ziele bestimmen den Weg

Die Ziele zu formulieren ist noch aus einem anderen Grund wichtig: Sie nehmen einen wesentlichen Einfluss auf die Ausgestaltung Ihrer Geldanlage.

Das Eigenkapital für eine eigene Wohnung anzusparen braucht beispielsweise deutlich mehr Zeit, als einen ausreichenden Notgroschen zur Seite zu legen. Wenn es um die Altersvorsorge geht, liegt der Zeithorizont bei mehreren Jahrzehnten.

Entsprechend unterschiedlich fällt auch die für Sie geeignete Geldanlage aus. Wollen Sie Ihre Ziele in eher kürzerer Zeit erreichen, halten Sie das Risiko gering. Bei einer langfristigen Perspektive können Sie auch größere Risiken eingehen. Dann haben Sie genug Zeit, auch mal schlechte Börsenjahre auszusitzen und auf eine Erholung der Kurse

Checkliste: Das sind meine Ziele – und der Weg dorthin

Schaffen Sie sich mit konkreten, realistischen Zielen einen Anreiz, am Ball zu bleiben. Ein erstes sinnvolles Ziel sollte der Notgroschen sein – danach geht es um Ihre individuellen Ziele. Unsere Checkliste hilft Ihnen bei der Visualisierung und gibt den Weg für das Erreichen der Ziele vor.

→ S. 121

Das Kaffeegeld investieren

Wer sich das Geld für die zwei Latte Macchiato pro Arbeitstag spart und sie statt dessen investiert, hat nach 30 Jahren mit einiger Wahrscheinlichkeit 100 000 Euro mehr auf dem Konto.

Anmerkung: mtl. Sparplan; 50 % Tagesgeld, 50% MSCI World; mittlere ETF-Rendite aller 30-Jahresspannen; Kaufkosten berücksichtigt.
Quelle: Refinitiv, eigene Simulationen

zu warten. Mehr zum Verhältnis von Chance und Risiko erfahren Sie im Kapitel „Zwischen Chance und Risiko" ab Seite 45. Die Ziele bestimmen zudem die Höhe des erforderlichen Sparbetrags. Es lohnt sich also, einmal darüber nachzudenken.

Träumen ist erlaubt

Sparziele sind wichtig. Dabei dürfen Sie ruhig einmal ins Träumen geraten. Es dürfen auch mehrere Wünsche sein, die Sie sich gern erfüllen wollen.

Dennoch ist auch hier angebracht, mit realistischen Erwartungen an Ihre Geldanlagestrategie heranzugehen. Wenn Sie im Monat 100 Euro beiseitelegen können, liegt die Erfüllung des Wunschs nach einer eigenen Wohnung oder einem Haus sehr weit entfernt. Wenn Sie monatlich 500 Euro, 1000 Euro oder mehr entbehren können, dürfen auch die Wünsche etwas größer ausfallen.

Hinzu kommt der Anlagehorizont. Haben Sie mehrere Jahre oder gar Jahrzehnte Zeit zum Sparen, kann selbst aus kleineren Beträgen ein Vermögen erwachsen.

Ein großes Vermögen beginnt mit kleinen Beträgen

Die folgenden Beispiele geben einen Eindruck dessen, was mit einem Sparplan im Bereich des Möglichen liegt und welche Beträge man dafür zurücklegen muss.

Gerechnet wird mit einer durchschnittlichen jährlichen Rendite von 5 Prozent. Das entspricht in etwa einem ausgewogenen Pantoffel-Portfolio, bei dem die monatliche Sparplansumme hälftig zwischen Tages- oder Festgeld und einem Welt-ETF aufgeteilt wird (siehe Tabelle „Sparplan mit dem Pantoffel-Portfolio", Seite 54). Abhängig von Ihrem Risikoprofil, der Anlagedauer und Marktentwicklung kann der reale Endbetrag auch anders ausfallen.

→ **Campingbus finanzieren:** Lena will mit einem gebrauchten Campingbus durch Europa reisen. In den Anzeigen für gebrauchte Fahrzeuge findet sie heraus, dass sie wenigstens 26 000 Euro für den Kauf benötigt.
Sie spart fünf Jahre lang 400 Euro im Monat im ausgewogenen Pantoffel-Portfolio mit der beschriebenen Aufteilung von 50 Prozent zu 50 Prozent. Nach fünf Jahren bei einer durchschnittlichen Rendite von 5 Prozent pro Jahr hätte Sie gut 27 000 Euro.

→ **Studium des Kindes absichern:** Wenigstens 36 000 Euro veranschlagen die Sparkassen als Kosten eines Hochschulstudiums. Dafür wollen Larissas Eltern vorsorgen. Schon kurz nach der Geburt beginnen sie mit einer kleinen monatlichen Rücklage für die akademische Ausbildung ihrer Tochter.
Dafür legen die Eltern jeden Monat 110 Euro in der beschriebenen ausgewogenen Aufteilung von 50 Prozent zu 50 Prozent zurück. Nach 18 Jahren, zu Larissas Volljährigkeit, hätten Sie knapp 38 000 Euro beisammen.

→ **Fürs Sabbatical sparen:** Leon möchte ein Jahr aussetzen und in der Garage ein eigenes Projekt voranbringen. Den Ausfall des Gehalts muss er kompensieren: Er wird sparsam leben und für das Jahr etwa 30 000 Euro benötigen.
Fünf Jahre lang spart er 500 Euro im Monat nach der ausgewogenen Aufteilung von 50 Prozent zu 50 Prozent. So käme er auf fast 34 000 Euro und kann sich ein Jahr lang seinem Projekt widmen.

→ **Altersvorsorge per Zusatzrente:** Die 37-jährige Krankenschwester Miriam will ihre gesetzliche Rente im Alter aufbessern. Sie braucht dann monatlich rund 1000 Euro mehr. Das hat sie ausgerechnet. Wenn sie 30 Jahre, bis zum Renteneintritt mit 67, monatlich 300 Euro spart in der beschriebenen ausgewogenen Pantoffel-Portfoliovariante von 50 Prozent zu 50 Prozent, würden sich dadurch 244 600 Euro ansammeln. Mit einem Entnahmeplan, bei dem das Vermögen weiterhin mit durchschnittlich 3 Prozent pro Jahr angelegt bleibt, könnte Sie sich 30 Jahren lang monatlich gut 1000 Euro auszahlen. Den Plan hat sie sich mit unserem Entnahmeplan-Rechner der Stiftung Warentest errechnet: www.test.de/entnahmerechner

→ **Die neue Küche:** Hobbykoch Michael möchte sich mit hochwertigen Kochkursen einen Nebenjob aufbauen. Dafür will er bald eine ansehnliche Küche anschaffen. Mit allen neuen Geräten und der fälligen Renovierung will er in das Vorhaben 25 000 Euro investieren.
5000 Euro hat er bereits. Er kann seine Kochkünste noch vier Jahre verfeinern. Sein Startkapital und eine Sparsumme von monatlich 300 Euro legt er in der beschriebenen ausgewogenen Aufteilung von 50 Prozent zu 50 Prozent an. Damit könnte er nach vier Jahren knapp 22 000 Euro erreichen, um diese Summe in seine Ausstattung zu investieren.

→ **Sparplan ohne konkretes Ziel:** Emilia ist 27 und verdient als Beraterin gut. Sie kann monatlich 500 Euro zurücklegen. Zusätzlich hat sie 5 000 Euro geerbt, die sie auf einen Schlag investiert – alles im beschriebenen ausgewogenen Risikoprofil von 50 Prozent zu 50 Prozent.
Wenn Sie diese Sparrate ihr ganzes Erwerbsleben bis zum Renteneintrittsalter nach 40 Jahren aufrechterhalten kann und das Ersparte bis dahin nicht antastet, würde sie ein Vermögen von über 776 400 Euro angesammelt haben.

Vom Sofa an den Finanzmarkt

Nur auf den ersten Blick ist Geldanlage allein etwas für Fachleute. Eine von Finanztest entwickelte und leicht umsetzbare Strategie kann jeder mit wenig Aufwand für sich nutzen – einfach, günstig und bequem wie ein Pantoffel. Und so heißt unsere Strategie auch: Pantoffel-Portfolio.

Die einfache Strategie von Finanztest

Vermögensaufbau ist kein Hexenwerk, auch wenn manche Finanzberater ihren Kunden dies gern vorgaukeln möchten. Nehmen Sie die Dinge selbst in die Hand!

Was verbinden Sie mit dem Wort Börse? Ist es vielleicht das Bild aus der Live-Schalte nach Frankfurt am Main, bei der im Hintergrund der aktuelle Verlauf des Dax auf einer riesigen Anzeigetafel zu sehen ist? Voll mit kryptischen Zeichen und hektischen Anzugträgern, die sechs Bildschirme gleichzeitig im Blick haben müssen? Oder sind es die vielen Darstellungen aus Hollywoodfilmen, die die Börse allgemein – und ganz speziell die Wall Street – als Schauplatz für Gaunereien, Verschwendung und Gier darstellen? Oder ist es vielleicht Ihre Bankberaterin, die Ihnen bei Ihrem letzten Besuch zusätzlich zur eigentlichen Frage noch ein komplexes Produkt andrehen wollte?

An der Börse teilzuhaben ist in Wirklichkeit sowohl weniger aufregend als auch deutlich unkomplizierter, als es oft vermittelt wird. Finanzberater verdienen gut daran, Sie im Glauben zu lassen, ihr Rat wäre unabdingbar. Eigentlich wollen sie Ihnen aber oft Produkte verkaufen, an denen vor allem die Beraterprovision erstklassig ist.

Richtig ist: Um langfristig ein Vermögen aufzubauen, müssen Sie einen Teil Ihres Geldes an der Börse investieren. Denn wenn es allein auf dem unverzinsten Girokonto liegen bleibt, verliert es durch die Inflation schleichend an Wert.

Aber keine Sorge: Um an der Börse zu investieren, müssen Sie weder mit einer Vielzahl an Aktien jonglieren noch permanent die Börsenkurse verfolgen. Für die bequeme Pantoffel-Strategie von Finanztest benötigen Sie lediglich zwei Bausteine: den Sicherheitsbaustein und den Renditebaustein.

Was ist ein Portfolio?

Ein Portfolio bezeichnet die Gesamtheit all Ihrer verschiedenen Vermögenswerte – praktisch all Ihr Geld in all seinen verschiedenen Formen. Das sind also nicht nur Ihre Anlagen an der Börse – wie ETF, eventuelle weitere Fonds, Anleihen oder auch Einzelaktien. Dazu gehören auch Ihr Tages- oder Festgeldkonto sowie Ihr Girokonto. Und falls vorhanden, zählt nicht zuletzt auch die Panda-Goldmünze im Schrank dazu. Die Struktur und Gewichtung der einzelnen Bestandteile hat Auswirkungen auf die Rendite, aber auch auf die Schwankungsanfälligkeit Ihres Vermögens.

Zwei Bausteine genügen: Sicherheit und Rendite

Warum zwei Bausteine? Weil bei der Geldanlage nicht nur der Vermögenszuwachs zählt, sondern auch die Sicherheit. Börsenkurse schwanken – nach oben wie nach unten. Das heißt konkret: Wenn Sie Ihr Geld allein am Aktienmarkt investieren, ist das zwar langfristig gesehen voraussichtlich mit starken Gewinnen verbunden. Ebenso treffen Sie dann aber die Krisen und Crashs mit voller Wucht. Die Börsengeschichte ist voll davon (siehe Seiten 12/13). Wie stünde es um Ihre Nerven, wenn 50 bis 60 Prozent Ihres Vermögens vorübergehend weg wären – und es mehrere Jahre bräuchte, bis der Verlust ausgesessen wäre? So geschehen während der Dotcom-Blase 2000 und der Weltfinanzkrise 2007. Und rein finanziell betrachtet: Könnten Sie auf dieses Geld so lange verzichten?

Das Pantoffel-Portfolio von Finanztest sieht daher eine Mischung aus renditeträchtigen Aktienanlagen in Form von ETF (Exchange-Traded Funds, mehr dazu auf Seite 32) sowie sicheren Zinsanlagen vor. Die Anlage in ETF bildet den Rendite-, die Zinsanlagen den Sicherheitsbaustein. Indem Sie Ihr Geld nach diesem Schema verteilen, sorgen Sie dafür, dass sich Ihr Vermögen vermehrt, und sichern sich gleichzeitig ab, falls die Börsenkurse abrutschen sollten.

Für den Sicherheitsbaustein eignet sich ein Tages- oder Festgeldkonto, das Sie in der Regel bei Ihrer Hausbank, mit wenig Aufwand und unter Umständen besseren Zinsen aber auch bei anderen Banken, etwa bei Direktbanken, einrichten können. Wie das in der Praxis läuft, erfahren Sie im Kapitel „Sicherheitsbaustein mit Tagesgeld" (siehe Seite 58). Girokonten oder das gute alte Sparbuch sind hingegen als Baustein Ihrer Geldanlage nicht geeignet. Zwar sind auch sie sicher, werfen aber keine Zinsen ab.

Zinsanlagen sind deshalb sicher, weil sie nicht im Wert schwanken. Sie wissen schon am Anfang genau, was Sie am Ende herausbekommen werden. Die Sicherheit hat allerdings auch einen Preis: Die Verzinsung von Tages- oder Festgeld ist nicht sehr hoch. Sie reicht meist gerade dazu aus, den Wertverlust durch die allgemeine Teuerung, die Inflation, auszugleichen.

Deshalb besteht das Pantoffel-Portfolio von Finanztest aus einem zweiten Baustein, der den Ertrag Ihrer Geldanlage in die Höhe zieht: dem Renditebaustein. In Ihr Portfolio kommen neben sicheren Zinsanlagen auch Aktien – und zwar in Form von ETF.

Was ist eine Aktie?

Viele Unternehmen sind Aktiengesellschaften. Wenn sie an einer Börse gelistet sind, kann ein jeder über den Kauf von Aktien der Firma Miteigentümer werden. Wenn Sie zum Beispiel eine Aktie des Konzerns Siemens erwerben, gehört Ihnen ein minimaler Anteil an diesem Unternehmen. Ist Siemens erfolgreich, steigt der Wert des Unternehmens und damit in der Folge oft auch der Wert der Aktie. Sie können sie später für mehr Geld wieder verkaufen. Viele Unternehmen belohnen Ihre Aktionäre zusätzlich in Abständen mit einer Beteiligung am Gewinn, der Dividende. Andere Unternehmen schütten hingegen nichts an ihre Anleger aus, sondern reinvestieren den Gewinn, etwa in die Modernisierung von Anlagen oder den Kauf anderer Unternehmen. Auch das steigert in der Regel den Wert eines Unternehmens. Wirtschaftet das Unternehmen schlecht, kann es auch umgekehrt laufen. Der Aktienkurs sinkt, die Dividende wird womöglich gekürzt oder gestrichen. Aktionäre, die Besitzer von Aktien, sind also am Risiko des Geschäfts beteiligt.

Aber keine Sorge, Sie müssen sich nicht durch die Börsenberichte der Medien arbeiten, sich nicht über Unternehmen informieren oder gebannt auf Nachrichten über die Konjunkturentwicklung warten. Denn Sie investieren Ihr Geld in breit anlegende ETF (Exchange-Traded Funds, börsengehandelte Fonds). So streuen Sie Ihr Risiko.

Denn mit ETF vermeiden Sie das Risiko von Einzelaktien, indem Sie in sehr viele Unternehmen auf einmal investieren, verstreut über die ganze Welt. Über die vergangenen Jahrzehnte betrachtet, war der Vermögenszuwachs durch diese Wertpapiere viel höher als der von Zinsanlagen.

Eine Mischung aus beiden Anlagen ergibt anständige Erträge mit einem je nach Ihren Wünschen gestalteten Verhältnis aus Sicherheit und Risiko.

Was sind Fonds, was sind ETF?

Ein Fonds investiert nicht nur in einen Wert, zum Beispiel in die Aktie eines Unternehmens, sondern kauft Anteile an vielen Firmen. Dadurch verteilt sich auch das Risiko auf viele verschiedene Unternehmen. Geht es einem Unternehmen schlecht – sei es durch schlechtes Management oder auch durch externe Krisen –, wird dies durch andere, gut laufende Unternehmen ausgeglichen. Anleger können Anteile an einem Fonds erwerben. So werden sie indirekt Aktionäre bei sehr vielen Unternehmen und profitieren von deren Wertentwicklung. Manche Fonds setzen auf Aktien eines bestimmten Landes, andere auf bestimmte Branchen wie Pharma, Erneuerbare Energien oder Technologie. Fonds werden von einem Fondsmanager aktiv betreut, der für seine Arbeit bezahlt werden möchte. In der Regel sind das ein bis 2 Prozent – Geld, das Ihnen als Anlegerin oder Anleger verloren geht. Hinzu kommt: Um ihre Performance zu messen, vergleichen sich die Fondsmanager mit einem vergleichbaren Index, etwa dem Deutschen Aktienindex (Dax) oder dem MSCI World. Auf längere Sicht schneiden dabei fast ausnahmslos alle aktiv gemanagten Fonds schlechter ab.

Aus diesem Grund gibt es eine spezielle Art von Fonds: ETF. Sie haben den großen Vorteil, dass sie sehr wenig kosten. Sie bilden passiv, ohne einen aktiven Fondsmanager, einen Aktienindex nach, zum Beispiel den Dax, der die Kurse der 40 größten börsennotierten Unternehmen Deutschlands widerspiegelt. Steigt oder fällt ein Wert im Dax, würde ein ETF, der den Dax abbildet, das automatisch nachvollziehen. Andere ETF orientieren sich am wichtigsten Index, dem MSCI World, der über 1500 Firmen aus 23 Industrieländern enthält. Es gibt auch Indizes für einzelne Regionen oder Branchen. Je enger die Ausrichtung eines Index und je geringer damit die Streuung ist, desto größer ist auch das Klumpenrisiko. Das macht ETF auf den breit streuenden MSCI World Index so empfehlenswert.

Der Sicherheitsbaustein

Hierfür eignen sich Tagesgeld und Festgeld. Ihre Hausbank hat oft nicht die besten Konditionen. Suchen Sie die besten Angebote in unseren Zinstabellen im Heft sowie online unter test.de/tagesgeld und test.de/festgeld. Ausführlich behandelt wird der Sicherheitsbaustein ab Seite 57.

Für Tagesgeld bieten Banken variable Zinsen an. Der Zinssatz kann sich von Zeit zu Zeit ändern – steigen oder fallen. Das passiert aber nur ab und zu. Oft schreiben die Banken direkt, dass der aktuelle Zinssatz mindestens bis zu einem von ihnen festgesetzten Datum gilt. Diese Anlage ist nicht nur sicher, Sie kommen auch, wenn nötig, jederzeit an Ihr Guthaben heran.

Festgeld legen Sie, wie der Name schon andeutet, für einen gewissen Zeitraum verbindlich an. Der Zeitraum kann mehrere Monate bis hin zu einigen Jahren betragen. In dieser Zeit bleibt der Zinssatz dafür garantiert unverändert, kann also weder steigen noch fallen. Sie wissen also schon jetzt, wie viel Sie in beispielsweise fünf Jahren herausbekommen werden – ohne Wenn und Aber. Diesem Vorteil steht entgegen, dass Sie erst nach Ablauf der vereinbarten Zeit wieder über das Guthaben verfügen können. Zudem können Sie mit dem fest angelegten Geld nicht von möglicherweise zwischenzeitlich steigenden Zinsen profitieren.

Euro-Rentenfonds kaufen Staatsanleihen von etwa Deutschland, Frankreich oder Italien. Allerdings muss man hier doch ein wenig die mittelfristige Situation im Auge behalten, denn es handelt sich um Wertpapiere, deren Wert von der Zinsentwicklung abhängt. Sie können nach den jüngsten Zinsanstiegen wieder als Sicherheitsbaustein dienen, doch um die Strategie so einfach wie möglich zu halten, werden sie hier ausgeklammert.

Der Renditebaustein

Als Chancenbaustein eignen sich Fonds beziehungsweise ETF, die an der Börse gehandelt werden. ETF bilden einen Index nach, in dem viele Unternehmensaktien enthalten sind – gewichtet nach den Börsenwerten der Unternehmen. Ein Welt-ETF, der über 1500 Aktien aus der ganzen Welt abbildet, räumt also nicht jedem Unternehmen einen gleich großen prozentualen Anteil ein. Große Megakonzerne wie Apple, Microsoft und Co – oft sind es US-amerikanische Aktien – sind durch ihren immensen Marktwert deutlich stärker gewichtet als etwa deutsche Aktien wie SAP oder Siemens. Die Fonds kosten eine geringe Gebühr im Jahr, die in der Regel weit weniger als 1 Prozent Ihres monatlichen Sparplanbetrags ausmacht.

Die Wertentwicklung hängt davon ab, wie sich die Aktien all dieser Unternehmen an den internationalen Märkten entwickeln. Jeden Tag werden einige Aktien oder gar ganze Branchen fallen, andere steigen.

Auf ETF erhalten Sie also keine Zinsen, sondern profitieren von steigenden Aktienkursen und gegebenenfalls erhaltenen Dividendenzahlungen. Fachleute sprechen daher beim Maß des Vermögenszuwachses bei Aktien und Fonds von einer Rendite, die gemessen am eingesetzten Kapital in vergangenen Zeiträumen durchschnittlich erzielt wurde.

Natürlich ist dieser Wert keine Garantie für die zukünftige Entwicklung eines ETF. Denn durch das Auf und Ab an den Börsen unterliegt die jährliche Rendite teils starken Schwankungen. Achten Sie daher beim Vergleich auf die durchschnittliche langjährige Rendite vergangener Zeiträume – über fünf, zehn oder am besten noch mehr Jahre.

Diese Kennzahl ist ein Aspekt, unter dem Sie verschiedene ETF in unserem Fondsfinder unter test.de/fonds vergleichen können. Daneben gibt es allerdings noch weitere wichtige Kennzahlen wie etwa die Kosten eines ETF, mit welchem Risiko die Rendite erzielt wurde, eventuell die Nachhaltigkeit und, am wichtigsten, ob der ETF von Finanztest mit dem Label „1. Wahl" ausgestattet wurde. Damit wird ihm ein dauerhaft guter Anlageerfolg beschieden.

Anteile können zwar auch hier notfalls jederzeit wieder veräußert werden. Wie beschrieben, kann es aber sein, dass Sie gerade eine ungünstige Börsenphase erwischen und weniger erhalten würden, als Sie eingezahlt hatten. Daher sollten Sie hier nur das Geld anlegen, auf das Sie im Notfall noch ein paar weitere Jahre verzichten könnten. Wer schlechte Börsenphasen aussitzen kann, wird Jahre später mit hoher Wahrscheinlichkeit deutlich mehr Geld für die gleiche Menge an Anteilen erhalten.

Mehr zum Thema ETF erfahren Sie im Kapitel „Kaufen Sie den Heuhaufen!" ab Seite 68.

Was sind Zins und Rendite?

Der Zins drückt aus, wie viel die Bank meist auf ein Jahr bezogen auf Ihr Guthaben bezahlt. Liegt der Zins bei 3 Prozent, werden aus 100 Euro nach einem Jahr 103 Euro.

Die Rendite drückt dagegen die Wertsteigerung Ihrer Anlage in einem bestimmten Zeitraum aus. In diesem Beispiel liegt die Rendite ebenfalls bei drei Prozent. In anderen Fällen kann die Rendite anders ausfallen. Wenn Sie die 100 Euro zum Beispiel für drei Jahre fest anlegen, die Zinsen am Jahresende gutgeschrieben und im folgenden Jahr mitverzinst werden, steigt die Rendite an. Nach drei Jahren beträgt Ihr Guthaben 109,27 Euro. Das macht eine Rendite von 3,09 Prozent. Dabei ist der Zins mit 3 Prozent die ganze Zeit gleich geblieben. Bei Aktien und Fonds fließen zusätzlich noch eventuelle Gewinnausschüttungen durch Dividenden in die Rechnung ein.

Sparplan mit dem Pantoffel-Portfolio

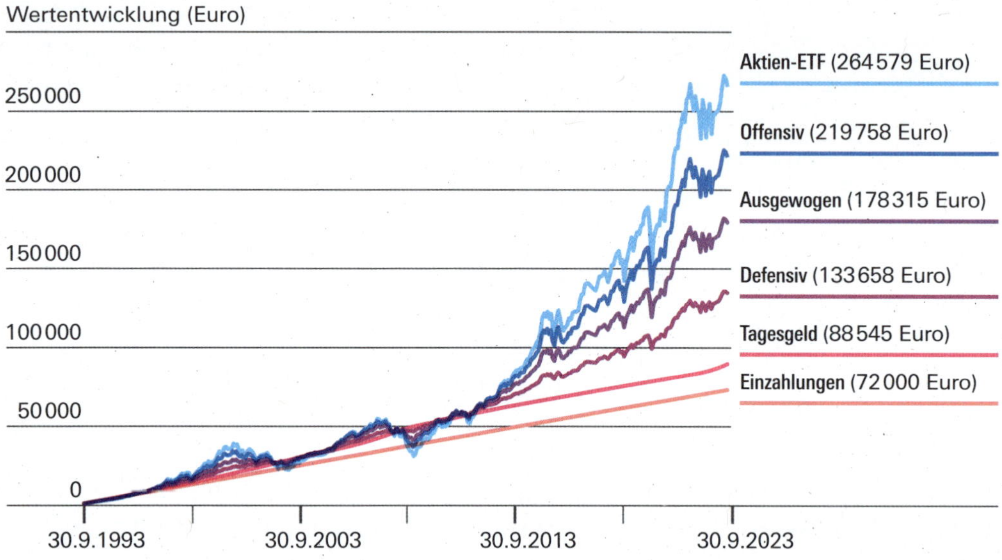

Rate für Rate zum Vermögen. Die 30-Jahres-Grafik zeigt, welche Ergebnisse Anlegerinnen und Anleger bei monatlichen Einzahlungen von 200 Euro mit den unterschiedlichen Risikoprofilen hätten erzielen können.
Quelle: Refinitiv, eigene Simulationen. Stand: 30. September 2023

Die Gewichtung der Bausteine

In welchem Verhältnis Sie die beiden Bausteine Ihres Pantoffel-Portfolios gewichten, hängt von Ihrer ganz persönlichen Einschätzung ab. Hier gibt es kein Richtig oder Falsch. Grundsätzlich bietet die Strategie des Pantoffel-Portfolios drei unterschiedliche Gewichtungen an:

→ **Defensiv:** Der Sicherheitsbaustein nimmt hierbei 75 Prozent ein, der Renditebaustein 25 Prozent.

→ **Ausgewogen:** Der Sicherheits- wie der Renditebaustein nehmen in dieser Variante beide jeweils 50 Prozent ein.

→ **Offensiv:** Hierbei umfasst der Sicherheitsbaustein nur 25 Prozent, während der Renditebaustein 75 Prozent beinhaltet.

Ihr persönliches Risikoprofil

Ihr eigenes Risikoprofil sollten Sie ganz für sich selbst ermitteln. Es setzt sich aus unterschiedlichen Faktoren zusammen: Wie lange möchten Sie den Sparplan aufrechterhalten, also wie langfristig ist Ihr Anlagehorizont? Würden es Ihre Nerven aushalten, wenn es an den Börsen turbulent zugeht? Könnten Sie es finanziell verkraften, auf Ihr Geld ein paar Jahre zu verzichten? Die eigene Geldanlage soll Ihnen nicht den Schlaf rauben.

Je nach Risikoprofil ergibt sich eine unterschiedliche Entwicklung des angelegten Vermögens. In der Vergangenheit hat die offensive Ausrichtung die höchste Rendite erzielt – allerdings auch mit den größten Schwankungen. Anlegerinnen und Anleger mussten zwischenzeitlich hohe Kursverluste hinnehmen. Mehr dazu finden Sie unter „Zwischen Chance und Risiko“ ab Seite 45.

So sicher ist Ihr Geld

Die gesetzliche Einlagensicherung in der Europäischen Union schützt Ihr Guthaben vor einer möglichen Bankenpleite.

Bankenpleiten kommen immer wieder vor. Die große Finanzkrise 2008/2009 gipfelte in der Pleite der amerikanischen Investmentbank Lehman Brothers. Erst im Mai 2023 kam die namhafte schweizerische Großbank Credit Suisse in unruhiges Fahrwasser und wurde schließlich von ihrer Konkurrentin, der UBS, übernommen. Da stellt sich die Frage, wie sicher Ihr Geld bei einem Bankinstitut aufgehoben ist, wenn dieses Insolvenz anmeldet? Die Antwort lautet: sehr sicher. Dafür sorgt die gesetzliche Einlagensicherung. Sie gilt in der gesamten Europäischen Union. Pro Person und Bank werden damit Guthaben bis zu einer Höhe von 100 000 Euro geschützt. Gedeckt wird die Haftungssumme von der Finanzbranche in jedem Land, für das es jeweils eine gemeinsame Entschädigungseinrichtung betreibt.

In Deutschland haben drei Bankengruppen darüber hinaus zusätzliche Sicherungen eingebaut. Die privaten Banken, wie die Deutsche Bank oder die Commerzbank, sichern über einen Einlagensicherungsfonds wenigstens 750 000 Euro ab. Die tatsächliche Höhe richtet sich nach dem haftenden Eigenkapital der jeweiligen Bank. Die beiden anderen Bankengruppen, die Sparkassen und die Raiffeisen- und Volksbanken, haften füreinander. In der Praxis würden sie ein in Schieflage geratenes Institut so weit stützen, dass es erst gar nicht zum Ernstfall kommt und Kundengelder verloren gehen.

Nicht alle privaten Banken sind Mitglied im Einlagensicherungsfonds. In diesem Fall greift lediglich die gesetzliche Einlagensicherung von maximal 100 000 Euro. Ob Ihre Bank dazugehört, können Sie auf der Webseite einlagensicherung.de abfragen. Dort erfahren Sie auch mehr über die Details des Anlegerschutzes.

Vermögen sicher verteilen

Wenn Sie über ein höheres Vermögen als 100 000 Euro auf Bankkonten verfügen (das also nicht in ETF steckt), können Sie es auf mehrere Banken verteilen. Die gesetzliche Haftung gilt pro Bank. Die Einlagensicherung gilt zwar in der gesamten EU. Finanztest empfiehlt aber nur Tages- und Festgeldangebote von Banken und Ländern mit sehr guter Wirtschaftskraft.

Sie sind grün markiert in der Grafik unter test.de/tagesgeld auf Seite 4: „Wo Sie in Europa sicher anlegen“.

Ihr Anlagevermögen in ETF ist nicht gefährdet

Aktienfonds oder ETF werden in Ihrem Depot aufbewahrt. Der Inhalt dieses Depots gilt als Sondervermögen und ist damit vor dem Zugriff von Gläubigern geschützt, falls die Depotbank pleitegehen sollte. Die gekauften Fondsanteile gehören weiterhin Ihnen.

Auch die Gläubiger einer Investmentgesellschaft, die den Fonds oder ETF aufgelegt hat, können nicht auf Ihre Anteile zugreifen. Selbst untreue Fondsmanager kommen an Ihre Wertpapiere nicht heran. Der Schutz ist also noch einmal besser als bei der Einlagensicherung – eben unbegrenzt.

Anlegen und damit Gutes tun

Zögerten Sie bisher mit der Geldanlage vielleicht deswegen, weil Sie keine Rüstungsfirmen, die Ölwirtschaft, Umweltzerstörung und Ausbeutung unterstützen wollten?

Möchten Sie mit Ihrem Geld eigentlich lieber sinnvolle und verantwortungsbewusste Geschäfte unterstützen als schädliche mitzufinanzieren? Auch das ist möglich.

Wenn Sie bei Ihrer Bank Geld einzahlen, egal ob auf das Giro-, Tages- oder Festgeldkonto, ermöglichen Sie dem Institut sein Kerngeschäft. Die Banken verleihen das Geld weiter und erhalten dafür mehr Zinsen als sie Ihnen gutschreiben. Von der Differenz leben die Kreditinstitute. Für Sie als Sparer ist es in der Regel ein Buch mit sieben Siegeln, an wen die Bank das Geld verleiht. Es kann ein Bauunternehmen sein, das damit den Neubau von Energiesparhäusern finanziert. Es kann aber auch ein Rüstungsbetrieb sein, der mit Panzern sein Geld verdient.

Sie können jedoch dafür sorgen, dass mit Ihrem Geld nur saubere Projekte finanziert werden. Denn Sie sind mit Ihrem Wunsch nach einer grünen Geldanlage nicht allein. Im Gegenteil, das Interesse an nachhaltigen Geldanlagen wächst rasant. Das Anlagevermögen in nachhaltigen Fonds in Deutschland stieg nach Angaben des Forums nachhaltige Geldanlagen zwischen 2019 und 2022 von gut 18 Milliarden Euro auf über 317 Milliarden Euro an. In der Regel gelten für diese Fonds eine Reihe von Ausschlusskriterien. Das heißt, sie investieren nicht in Geschäfte, die zum Beispiel mit Rüstung, Atomkraft, fossilen Energien oder grüner Gentechnik ihr Geld verdienen. Auch Menschenrechtsverstöße, Korruption oder Umweltverschmutzung stehen oft auf der Ausschlussliste. Dagegen investieren sie vorrangig in Unternehmen, die besonders engagiert nachhaltiger wirtschaften wollen und die Transformation der Wirtschaft vorantreiben.

Sie können als Privatanleger an diesem Trend teilhaben, indem Sie für den Renditebaustein Ihres Pantoffel-Portfolios einen nachhaltigen Fonds oder ETF erwerben. Es gibt eine ausreichend große Auswahl an Angeboten. Auch für sichere Zinsanlagen gibt es Angebote, zum Beispiel von ethisch-ökologischen Banken.

Was heißt nachhaltig?

Der Begriff wird inzwischen inflationär verwendet. Von der letzten Fußballweltmeisterschaft bis hin zu Textilien aus Bambusfasern wird alles Mögliche als „nachhaltig" bezeichnet. In kaum einer Rede fehlt das Wort, auch in kaum einem Werbespot. Geschützt ist die Bezeichnung nicht. Im Grunde kann sie jeder nach Gutdünken verwenden.

Natürlich werben auch Anbieter von Finanzprodukten mit diesem Begriff. Die Branche bemüht sich allerdings zumindest um Standards, an denen sich Anleger orientieren können. Es gibt zwar große Unterschiede hinsichtlich der Auslegung von Nachhaltigkeit, doch werden inzwischen von vielen gängigen Indizes auch nachhaltige Alternativen angeboten.

Wie schwer es fällt, eine klar erkennbare Trennlinie zwischen „guten" und „schlechten“ Aktivitäten zu setzen, zeigen mehrere Beispiele. So stritten sich Deutschland und Frankreich bei der Ausgestaltung entsprechender Kriterien für die Finanzmärkte Europas lange um ein wichtiges Detail: Frankreich pochte darauf, dass Atomkraft als saubere Energie betrachtet wird. Deutschland wollte im Gegenzug moderne Gaskraftwerke auf dieser Liste sehen. Die Länder einigten sich schließlich darauf, dass beide Technologien als nachhaltig eingestuft werden.

Ein anderes Beispiel ist der Autobauer Tesla. Dessen Aktien finden sich in einigen nachhaltigen Fonds und Indizes. Als Pionier der Elektromobilität gilt Tesla als nachhaltiges Unternehmen. Betrachtet man den Verbrauch von Ressourcen in den Werken des Unternehmens sowie die Arbeitsbedingungen dort, sind allerdings Zweifel an der Nachhaltigkeit angebracht. So flog das Unternehmen Mitte 2022 etwa aus dem Index „S&P 500 ESG“ – wurde aber ein gutes Jahr später wieder aufgenommen, nachdem es weitere Daten veröffentlichte, um seine ESG-Eignung unter Beweis zu stellen. Selbst die Deutsche Bahn, die als grünes Unternehmen gilt, ist nicht perfekt. Noch immer fahren viele Züge mit Dieselloks – und die Bahn ist über langfristige Lieferverträge weiterhin an Kohlestrom gebunden.

Bis zu einem einheitlichen Standard für nachhaltige Finanzprodukte ist es noch ein weiter Weg, falls eine Vereinheitlichung angesichts der Vielfalt von Kriterien überhaupt möglich ist. Das bedeutet aber keineswegs, dass Sie sich als Anleger allein durch den Dschungel an Informationen schlagen müssen. Es gibt gute Hilfestellungen von Profis.

Finanztest untersucht und bewertet nicht nur kontinuierlich den Anlageerfolg von rund 11 000 Fonds, sondern hat auch eine eigene Nachhaltigkeitsbewertung entwickelt, an der Sie sich bei der Auswahl geeigneter ethisch-ökologischer Fonds und ETF orientieren können. Rund 650 Fonds erhalten von uns eine Bewertung ihrer Nachhaltigkeit. Näheres dazu finden Sie auf test.de/nachhaltige-fonds sowie auf Seite 86.

Wofür stehen die Abkürzungen ESG, SRI und CSR?

Da der Begriff der Nachhaltigkeit nicht geschützt ist, ist er nicht ausreichend als Bezeichnung. Andere Begriffe und Abkürzungen sind dagegen geschützt – und binden diejenigen, die sich mit ihnen schmücken wollen, an gewisse Standards und Verpflichtungen. Eines dieser Kürzel ist ESG. Es steht für die englische Bezeichnung „Environmental, Social, Governance“, also für Umwelt, Soziales und gute Unternehmensführung. Auch Finanzunternehmen werben für nachhaltige Geldanlagen, die die ESG-Kriterien erfüllen.

Zwei weitere Kürzel werden ebenfalls häufig genannt. Die Abkürzung SRI steht für Socially Responsible Investments, also sozial verantwortungsvolle Investitionen. Die dritte im Bunde ist die Bezeichnung CSR für Corporate Social Responsibility und steht für ethisch verantwortungsvoll geführte Unternehmen. Wenn Sie einen nachhaltigen Fonds suchen, werden Sie häufig auf eines dieser drei Kürzel im Namen des Fonds stoßen.

Die Aktienfonds oder auch die Herausgeber von Indizes legen unterschiedlich strenge Maßstäbe bei der Bewertung der Nachhaltigkeit an. Hauptsächlich werden drei Verfahren für die Auswahl angewendet, einzeln oder auch kombiniert:

→ **Ausschlusskriterien:** Hier werden unerwünschte Aktivitäten von einem Investment ausgeschlossen. Dazu gehören oft der Ausschluss von Unternehmen, die mit fossilen

Was sind aktive nachhaltige Fonds?

Finanztest empfiehlt ETF als erste Wahl für den Renditebaustein. Warum, erfahren Sie im fünften Kapitel ab Seite 68. Sie können allerdings auch einen oder mehrere aktiv gemanagte Aktienfonds als Alternative wählen. Das kommt insbesondere für nachhaltig orientierte Anleger infrage, denn die sauberen Fonds legen in der Regel deutlich strengere Kriterien an die Nachhaltigkeit an als nachhaltige ETF. Mehr dazu ab Seite 86.

Energien zu tun haben, mit Atomkraft, Rüstung, Menschenrechtsverstößen, Umweltschädigung oder Kinderarbeit. Es gibt eine ganze Reihe weiterer Kriterien, die hier je nach Ausrichtung der Fondsgesellschaft zum Tragen kommen. Bei kirchlichen Banken können zum Beispiel auch Glücksspiel, Tabak oder Schwangerschaftsverhütung zu den ausgeschlossenen Sparten zählen.

➜ **Best-in-Class:** Die zweite Methode sucht nach den jeweiligen Vorreitern einer Branche in Sachen Nachhaltigkeit. Es geht letztlich darum, den Wandel der Wirtschaft hin zu einer klimaneutralen Produktion zu unterstützen. So kann auch in Firmen investiert werden, die noch nicht perfekt sind, aber im Vergleich zu Wettbewerbern besonders gut dastehen.

➜ **Best-of-all-Classes:** Hierbei wird der Best-in-Class-Ansatz erweitert. Gesucht werden Unternehmen, die branchenübergreifend bei der Nachhaltigkeit die Nase vorn haben. Dieser Maßstab ist noch einmal strenger als die auf nur eine Branche ausgerichtete Auswahl.

Ein weiteres Qualitätsmerkmal von gut gemanagten Aktienfonds ist das Engagement der Fondsgesellschaft. Als Großaktionärin kann sie Einfluss auf die Vorstände der Unternehmen ausüben und diese zu mehr Nachhaltigkeit drängen. Auch haben Großaktionäre über ihr Stimmrecht als Anteilseigner die Möglichkeit, auf ein Unternehmen einzuwirken. Am Anfang der Auswahl geeigneter Unternehmen für einen Fonds stehen jedoch Fakten.

Ethisch-ökologische Banken

Auch Ihre Zinsanlagen können Sie nachhaltig gestalten. Dafür können Sie Tagesgeld- oder Festgeldkonten wählen, die die Einlagen nach ethisch-ökologischen Kriterien verwalten. Vorreiter sind hier die ethisch-ökologischen Banken im deutschsprachigen Raum. Es handelt sich dabei zwar meist um kleinere Institute, doch an der Sicherheit Ihrer Geldanlage ändert dies nichts, solange sie der Einlagensicherung unterliegen.

Viele dieser ethisch-ökologisch orientierten Banken sind kirchennah, zum Beispiel die katholische Pax-Bank oder die Bank für Kirche und Diakonie. Die GLS-Bank wiederum hat ihre Wurzeln in der anthroposophischen Bewegung. Die Umweltbank oder die niederländische Triodos-Bank richten ihren Fokus auf den Umweltschutz. Bei einzelnen Banken können Sie sogar bestimmen, ob Ihre Einlagen für soziale Zwecke, für Umweltprojekte oder solche für gesunde Ernährung verwendet werden.

Bei der Höhe der Zinsen auf Tages- und Festgeldkonten liegen die nachhaltigen Banken bislang im Mittelfeld. Zinsschnäppchen dürfen Sie hier jedoch nicht erwarten. Lockvogelangebote, wie sie konventionelle Institute gern für Neukunden anbieten, suchen Sie bei den sauberen Banken vergeblich.

Wer möchte, kann auch mit all seinen Geldgeschäften zu einer der grünen Banken wechseln. Oft bieten diese auch normale Girokonten und übliche Bankdienstleistungen an. Allerdings bieten nicht alle alles. Einige führen zum Beispiel keine ETF-Sparpläne aus, sondern vermarkten stattdessen einen hauseigenen nachhaltigen Aktienfonds.

Auch herkömmliche Banken bieten vereinzelt nachhaltige Zinsanlagen an. Die Sparkasse Nürnberg etwa finanziert mit dem Geld, das in ihrem Klima-Sparkassenbrief angelegt wird, erneuerbare Energien, energetische Sanierungen und Energieeffizienzhäuser. Die Laufzeit beträgt fünf, sieben oder zehn Jahre, als Rendite gibt es 2,3 Prozent Zinsen pro Jahr (Stand: Januar 2024). Überwiegend zögern die großen Kreditinstitute aber noch, wenn es um nachhaltige Zinsanlagen geht. Eine Übersicht über das aktuelle Angebot finden Sie im Vergleich von Zinsangeboten online unter test.de/nachhaltige-zinsen.

Vorsicht vor allzu grünen Verlockungen und Versprechen

Wenn Sie im Internet nach Festzinsangeboten suchen, werden Sie auf eine Reihe von Zinsofferten für vorgeblich nachhaltige Vorhaben stoßen. Das können zum Beispiel Investments in Solar- und Windparks oder auch in Holzplantagen sein. Bei diesen Angeboten sollten Sie große Vorsicht walten lassen. Denn es handelt sich dabei in Wirklichkeit häufig um Darlehen für ein Unternehmen.

Das birgt gleich mehrere Risiken, die für Laien schwer durchschaubar sind. Oft handelt es sich um sogenannte Nachrangdarlehen. Das bedeutet: Sollte das Vorhaben scheitern und die Firma bankrottgehen, müssen Sie als Anleger beziehungsweise Anlegerin mit einem Totalverlust rechnen. Auch sind die in der Werbung genannten Ertragsprognosen der Anbieter gerne mit einem winzigen „bis zu" ausgestattet und solche Einschätzungen ohne Fachkenntnisse schwer zu überprüfen.

Sollten Sie dennoch an einem der Angebote interessiert sein, ist ein vorheriger Blick auf die „Warnliste Geldanlage" von Finanztest unbedingt ratsam: Unter test.de/warnliste führen wir – laufend aktualisiert – unseriöse Firmen oder Angebote auf.

Wie steht es mit der Rendite?

Dass man für eine Geldanlage mit gutem Gewissen draufzahlen muss, ist ein altes Vorurteil. Finanztest analysiert regelmäßig die Jahresrenditen verschiedener großer Indizes (MSCI World, MSCI Europe, Dax, MSCI Emerging Markets) in der klassischen und in der nachhaltigen Variante.

Dabei zeigt sich, dass sich zumindest bislang nachhaltige und konventionelle Titel über die Jahre in etwa gleich entwickelt haben. Die nachhaltigen Indizes schnitten zwischen 2019 und Anfang 2024 in den verschiedenen Märkten sogar oftmals leicht besser ab als die klassischen.

Die Ausnahme: Das Jahr 2022 lief generell schlecht, die nachhaltigen Titel waren allerdings noch mehr im Minus. Das lag unter anderem daran, dass infolge des Ukraine-Krieges die Aktien von Ölkonzernen und Waffenproduzenten stark gestiegen waren – Branchen, die nachhaltige Fonds in der Regel ausschließen.

Auf längerfristige Sicht könnten die Geschäftschancen der Anbieter nachhaltiger Produkte und Services Chancen haben: Benötigt werden schließlich Technologien für die Verkehrswende, die Ernährung in Zeiten des Klimawandels und für dessen Bekämpfung. Arbeitsprozesse müssen CO_2-neutral gestaltet, die Biodiversität erhalten werden. Die Märkte für solche Produkte könnten weiter wachsen. Sicher ist das jedoch nicht. Mehr zum Thema im Kapitel „Nachhaltige ETF und Fonds" ab Seite 86.

Die passende Strategie für jede Lebenslage

Sie wollen direkt mit der Anlagestrategie von Finanztest einsteigen? Vielleicht finden Sie sich in einer der beschriebenen Lebenslagen wieder. Aber auch, wenn nicht: In jedem Fall liefert Ihnen dieses Buch die für Sie passende Lösung.

Die Basisanlagestrategie von Finanztest hört auf den Namen Pantoffel-Portfolio. Ein Portfolio ist die Gesamtheit Ihrer Geldanlage, die später auf verschiedene Konten und Depots verteilt sein wird.

Das spezielle Portfolio von Finanztest ist sehr flexibel anpassbar. Unabhängig davon, in welcher Lebenslage Sie sich gerade befinden und was Ihre damit verbundenen Wünsche und Ziele sind: Die Strategie lässt sich optimal darauf anpassen. Am Ende wird Ihr Portfolio so gut zu Ihnen passen und sich so bequem anfühlen wie Ihr eigener Pantoffel.

Bei den Berechnungen nehmen wir eine durchschnittliche Rendite von 5 Prozent pro Jahr an. Das entspricht in etwa einem ausgewogenen Risikoprofil (siehe Tabelle Seite 54). Für die eigene Geldanlage ist es jedoch unabdingbar, dass Sie sich nach Prüfung aller Faktoren selbst in eines der drei Risikoprofile einordnen (siehe „Risiken …“, S. 50).

Der erste Job, das erste Gehalt

Das Ziel: Am Ende des Weges soll ein ansehnliches Vermögen stehen. Ein Teil davon soll – gut angelegt – später einmal die private Altersvorsorge ausmachen. Ein anderer Teil soll so flexibel bleiben, dass jederzeit auch größere Anschaffungen und Wünsche verwirklicht sowie unvorhergesehene Situationen abgefedert werden können.

Der Weg: Am Anfang steht die Budgetanalyse. Wie hoch sind die Einnahmen, wie hoch die Ausgaben, wie viel bleibt am Monatsende übrig? Die Anleitung zur Analyse und Aufteilung Ihres Budgets finden Sie ab Seite 21 im Abschnitt „Das eigene Budget im Blick: Einnahmen minus Ausgaben“. Unsere Checklisten auf den Seiten 111 und 115 verschaffen Ihnen einen ausführlichen Überblick.

Gibt es bereits einen Notgroschen für alle Fälle? Falls nicht, wird ein Teil des monatlichen Sparbetrags dafür sowie für seltener anfallende Ausgaben wie ein neues Smartphone oder die Urlaubsreise beiseitegelegt. Hier eignet sich ein Tagesgeldkonto, auf dem der Notgroschen zumindest ein paar Zinsen abwirft. Mehr zum Notgroschen finden Sie auf Seite 24.

Der restliche Betrag sollte als fest eingeplante, fixe monatliche Summe in einen Sparplan integriert werden. Der Berufsanfänger, die Berufsanfängerin kann sich entscheiden zwischen einem ausgewogenen Pantoffel-Portfolio – mit einer Mischung von Zinsanlagen und Aktien-ETF im Verhältnis von 50 – 50 –, einem offensiven Pantoffel-Portfolio mit einem Aktien-ETF-Anteil von 75 Prozent oder einem defensiv ausgerichteten Portfolio mit lediglich 25 Prozent Aktienanteil. Die Auswahl hängt davon ab, welchen Anlagehorizont Sie haben und in welches Risikoprofil Sie sich einordnen (siehe Seite 50).

Das Risiko: Bei einem langen Anlagehorizont über mehrere Jahrzehnte wird das kurzfristige Verlustrisiko des Aktienmarkts ausgeglichen durch die sehr wahrscheinliche langfristige Aufwärtsbewegung. Das bedeutet: Zwischenzeitlich kann das Portfolio an Wert verlieren, wenn es an den Börsen mal bergab geht.

Da diese zeitweiligen Verluste nur auf dem Papier stehen, solange die Fonds nicht verkauft werden, besteht kein Grund zur Beunruhigung. Anlegerinnen und Anleger, die gerade ins Berufsleben starten, haben die Zeit, solche Täler auszusitzen und auf neue Höhen zu warten. Eine Visualisierung des langfristigen Auf und Ab am weltweiten Aktienmarkt finden Sie auf Seite 12/13.

Erst wenn es langsam auf das Rentenalter zugeht oder sich der Anlagehorizont aus anderen Gründen verkürzt, sollte das Portfolio zu einer defensiven Ausrichtung umgeschichtet werden.

Das Ergebnis: Mit einem Sparplan über eine monatliche Rate von 100 Euro und einer Rendite von durchschnittlich 5 Prozent im Jahr würde bei Gesamteinzahlungen von 36 000 Euro nach 30 Jahren ein Vermögen von über 80 000 Euro zur Verfügung stehen. Wird die Sparrate im Laufe des Erwerbslebens an das steigende Einkommen angepasst, könnte unter dem Strich noch deutlich mehr herauskommen.

In den besten Jahren

Das Ziel: Während des Arbeitslebens wurde bereits ein kleines Vermögen zusammengespart. Doch für eine sichere Zusatzrente im Alter reicht es noch nicht. Ein monatlicher Sparplan soll zusätzlich vorsorgen und im Alter für eine regelmäßige Auszahlung aus dem Vermögen sorgen.

Der Weg: Mit einer Überprüfung von monatlichen Einnahmen und Ausgaben wird die mögliche Sparrate errechnet (siehe „Das eigene Budget im Blick: Einnahmen minus Ausgaben", Seite 21). Für einen Notgroschen ist bereits gesorgt. Daher kann der gesamte Betrag für die Zusatzrente aufgewendet werden. Da die berufliche Karriere bereits vorangeschritten ist, bleibt am Monatsende auch ein höherer Betrag dafür übrig. Für das Pantoffel-Portfolio werden ein Tages- oder Festgeldkonto sowie ein Depot eingerichtet.

Ein Teil der Sparrate wird per Dauerauftrag auf das Tages- oder Festgeldkonto eingezahlt, der andere Teil monatlich für einen ETF-Sparplan auf das Depot überwiesen. Gegebenenfalls vorhandene Ersparnisse können als Einmalanlage investiert werden. Die Höhe des Aktienanteils hängt vom eigenen Risikoprofil ab (siehe Seite 50). Ebenso kann das Risikoprofil und damit der Aktienanteil im Lauf der Zeit wieder verringert werden.

Im Rentenalter wird das Pantoffel-Portfolio dann für einen Entnahmeplan genutzt (siehe „Der Lohn des langen Sparens", ab Seite 96).

Das Risiko: Es kann an den Aktienmärkten längere Verlustphasen geben. Solange in dieser Zeit kein Fondsanteil verkauft werden muss, spielt das keine Rolle. Bei Zeiträumen von mehr als zehn Jahren wurden zwischenzeitliche Verluste in der Regel wieder aufgeholt.

Die spätere Auszahlphase wird so geplant, dass sie selbst die bisher größten Verluste an den Aktienmärkten überstehen kann, ohne dass die monatliche Auszahlung gekürzt werden müsste. Je nach Modell besteht auch die Chance auf eine weiter steigende Zusatzrente. Das hängt aber stark von der Wertentwicklung des Fonds ab.

Mehr zur Auszahlphase und den Modellen finden Sie im Kapitel „Der Lohn des langen Sparens", ab Seite 96.

Das Ergebnis: Mit einem Sparplan über 400 Euro monatlich in einem ausgewogenen Pantoffel-Portfolio wird über einen Zeitraum von 15 Jahren dank Einzahlungen in Höhe von 72 000 Euro ein Kapitalstock von gut 106 000 Euro aufgebaut.

Sparen für den Nachwuchs

Das Ziel: Zur Volljährigkeit wollen die Eltern für ihr neugeborenes Kind ein kleines Vermögen angespart haben. Dafür müssen Sie ganz am Anfang auch eine Entscheidung darüber treffen, auf wen das Geld angespart werden soll.

Der Weg: Ihre eigene Geldanlage haben die beiden Eltern bereits geregelt. Diese Sparrate bezieht das Paar in seine Bilanz aller Einnahmen und Ausgaben mit ein – und ermittelt so den monatlich verfügbaren Betrag, der noch zusätzlich zur Seite gelegt werden kann. Dann eröffnen Sie auf ihren Namen ein weiteres Tages- oder Festgeldkonto und ein Depot. So behalten sie stets die Verfügungsgewalt über die Konten – einigen sich aber darauf, dieses Geld nie anzutasten. Auf beiden werden die Sparpläne für das Kind angelegt.

Da die Ansparphase bis zur Volljährigkeit des Kindes andauern soll, wäre eine offensive Ausrichtung des Portfolios möglich – im Laufe der Jahre könnte umgeschichtet werden. Letztlich entscheidend ist aber immer die Risikoneigung der Eltern (siehe „Risiken kennen, einschätzen und danach handeln" ab Seite 50).

Das Paar könnte das Tages- beziehungsweise Festgeldkonto sowie das Depot auch auf den Namen des Kindes anlegen. Dadurch profitieren die Eltern steuerlich erheblich, denn sie nutzen die Steuerfreibeträge des Kindes statt ihrer eigenen. Das Geld gehört jedoch rechtlich dem Kind – die Eltern können bis zu dessen Volljährigkeit lediglich das Depot verwalten. Ab dem 18. Geburtstag des Sprösslings würde die Verfügungsgewalt über das Geld auf das Kind übergehen. Ein weiterer Punkt, den es zu bedenken gilt: Besitzt der oder die 18-jährige nun ein Vermögen von über 15 000 Euro, entfällt auch der Anspruch auf Bafög. Mehr Details zu den Unterschieden und den Vor- und Nachteilen beider Varianten finden Sie unter test.de/Sparen-fuer-Kinder.

Das Risiko: Es besteht das Risiko von zeitweiligen Kursschwankungen an den Börsen. Solange der Fonds nicht verkauft wird, spielt das keine Rolle. Da die Geldanlage für das Kind sehr lange nicht benötigt wird, ist die Wahrscheinlichkeit von Kursgewinnen über die Jahre relativ hoch.

Das Ergebnis: Mit einer monatlichen Einzahlung von beispielsweise 50 Euro und einer durchschnittlichen jährlichen Rendite von 5 Prozent würde sich bis zur Volljährigkeit des Kindes ein Betrag von über 17 000 Euro ansammeln.

Plötzlich vermögend

Das Ziel: Plötzlich steht mit einer Erbschaft, dem Verkauf des Hauses oder der Auszahlung einer höheren Summe ein größeres Vermögen zur Verfügung. Und das auch noch relativ unerwartet. Das Geld soll natürlich sicher vor Wertverlust und unkompliziert angelegt werden. Ein Teil soll gleichzeitig flexibel genug bleiben, um für Extrawünsche flüssig zu bleiben.

Der Weg: Das neu erworbene Vermögen wird im Pantoffel-Portfolio angelegt: je nach persönlicher Risikoneigung siehe „Risiken kennen, einschätzen und danach handeln" ab Seite 50) zu einem Teil im Sicherheitsbaustein, also in Zinsanlagen wie Tages- oder Festgeld, zum anderen Teil im Renditebaustein in Form von ETF am Aktienmarkt. Erstere werfen eine garantierte Rendite ab. ETF sind etwas schwankungsanfälliger, sorgen aber für eine höhere durchschnittliche Rendite. Der Tages- oder Festgeldanteil wird sofort überwiesen. Das Geld für den Renditebaustein wird entweder auf einen Schlag angelegt, alternativ wird der gewünschte ETF in Tranchen über einen nicht zu ausgedehnten Zeitraum gekauft. Mehr zur Einmalanlage finden Sie auf Seite 71.

Wird zwischenzeitlich eine Auszahlung benötigt, kann das gut mit einer Überprüfung und Neugewichtung (Rebalancing) des Portfolios verbunden werden. Dem Sicherheits- und dem Renditebaustein werden dabei Beträge so entnommen, dass das aufgrund der persönlichen Risikoneigung gewünschte Verhältnis zwischen Aktien und Zinsanlagen wieder erreicht wird oder erhalten bleibt. Mehr zum Thema Rebalancing erfahren Sie im Kapitel „Balance im Blick" ab Seite 90.

Das Risiko: Zwischenzeitlich kann der Renditebaustein im Wert schwanken. Je länger der Anlagehorizont ist, desto weniger fällt das ins Gewicht. Durch eine jährliche Überprüfung der Zusammensetzung des Depots wird die Wirkung von schlechten Börsenjahren weiter vermindert.

Das Ergebnis: Aus einer Einmalanlage über 200 000 Euro im ausgewogenen Risikoprofil könnten in zehn Jahren – bei einer jährlichen Rendite von 5 Prozent – gut 325 000 Euro geworden sein.

Der Weg zum Eigenheim

Das Ziel: Vor dem Traum von den eigenen vier Wänden steht für ein verheiratetes Paar das fehlende Eigenkapital für den Erwerb einer Immobilie. In zehn Jahren soll der Eigenanteil für die Finanzierung zusammengekommen sein.

Der Weg: Am Anfang steht der Blick auf das monatliche Budget (siehe Seite 21). Einnahmen und Ausgaben werden dafür gegenübergestellt. Die Differenz dient – neben dem Aufbau üblicher Rücklagen für besondere Ausgaben – dem Aufbau des Eigenkapitals.

Beide verdienen gut und können monatlich zusammen 1000 Euro als Sparplan beiseitelegen. Das Paar eröffnet ein Tagesgeld- oder Festgeldkonto und ein Depot. Bei der Einordnung in das persönliche Risikoprofil sollte auch der vergleichsweise kurze Anlagehorizont von nur zehn Jahren berücksichtigt werden. Eine offensive Ausrichtung etwa würde ein deutlich erhöhtes Schwankungsrisiko beinhalten. Auf welches Risikoprofil sich das Paar einigt, liegt letztlich an seiner eigenen Risikoneigung und Risikotragfähigkeit (siehe „Risiken kennen, einschätzen und danach handeln" ab Seite 50). Für einen Teil der Summe erwirbt es Anteile an ETF, mit dem anderen bespart es ein Tagesgeld- oder Festgeldkonto.

Das Risiko: Bei jeder Ausrichtung kann es zu Kursschwankungen an den Börsen kommen, die den Wert der Fondsanteile unter Umständen mindern können.

Das Ergebnis: Bei einer durchschnittlichen jährlichen Rendite von 5 Prozent und einer monatlichen Einzahlung von 1000 Euro könnte nach zehn Jahren ein Eigenkapital von rund 154 000 Euro angespart sein.

Zwischen Chance und Risiko

Gute Strategien für die Geldanlage sind weder Zauberei noch Glückssache. Liegt der Grund für Ihre bisherige Scheu vielleicht in der Angst vor Verlusten und unbekannten Risiken? Beides lässt sich eingrenzen und überwinden.

Im ersten Schritt entscheiden Sie selbst, in welchem Verhältnis Sie die Anteile für Sicherheit und Rendite aufteilen. Dadurch erstellen Sie ein Portfolio, dass genau zu Ihnen passt. Dieses Kapitel hilft Ihnen bei der Basis für diese Entscheidung.

Das Geld, die Psychologie und die Fakten

Gefühle, vermeintliche Intuition und falsch interpretierte Erfahrungswerte führen oft zu Denkfehlern und Denkfallen. Wer sich dessen bewusst ist, behält einen kühlen Kopf.

Deutschlands Sparerinnen und Sparer scheuen eher das Risiko. Die Zahl der Aktienbesitzer ist in den vergangenen Jahren zwar angewachsen. 2023 besaßen nach Angaben des Deutschen Aktieninstituts (DAI) über 12 Millionen Bundesbürger Aktien, ETF oder Fondsanteile. Insbesondere junge Menschen setzen häufiger auf die Börse. Die Zahl der Aktiensparerinnen und -sparer im Alter unter 40 Jahren hat sich in den letzten zehn Jahren verdoppelt.

Das lag nicht zuletzt an der Corona-Pandemie und den damit verbundenen Einschränkungen. Die Menschen blieben viel zu Hause und hatten Zeit, sich mit ihrer Geldanlage zu befassen. Auch die lange Niedrigzinsphase hat die Suche nach renditeträchtigen Kapitalanlagen verstärkt. Doch beim genaueren Blick auf die Statistik zeigt sich ein anderes Bild. Es gibt rund 41 Millionen Haushalte in Deutschland. Die überwiegende Mehrheit der potenziellen Anleger hält sich mit Anlagen an der Börse folglich zurück.

Das bestätigen auch Umfragen, etwa der Direktbank Openbank im Sommer 2023. Befragt nach den wichtigsten Kriterien ihrer Geldanlage nannte die Hälfte der Befragten Sicherheit. 36 Prozent halten flexible und verfügbare Anlagen für besonders wichtig. Die Renditeerwartung rangiert mit 28 Prozent Zustimmung nur auf dem dritten Rang der wichtigsten Kriterien.

Ein großer Teil der Befragten kümmert sich überhaupt nicht um ihre Geldanlage. 38 Prozent gaben an, ihr Guthaben liege auf einem Girokonto – bei Frauen ist der Anteil mit 46 Prozent sogar noch höher. Geld auf einem Girokonto wirft keine Zinsen ab. Dabei bringt selbst eine geringe Rendite nach einiger Zeit Erträge ein, die zumindest dem Kaufkraftverlust durch die Inflation entgegenwirken – oder für die sich Anlegerinnen und Anleger ohne weiteres Zutun etwas Schönes leisten können.

Die Tabelle auf der rechten Seite zeigt das am Beispiel einer Anlagesumme von 5000 Euro und verschiedenen Zinssätzen und Anlagezeiträumen genauer: Selbst im bescheidensten Szenario hätten Sie nach einem Jahr einen Zinsertrag, der für einen Abend in einem guten Restaurant reicht. Im besten Fall der höchsten Rendite kommt nach fünf Jahren sogar ein Kurztrip an den Strand im Süden zusammen. Zins und Zinseszins machen es möglich – und arbeiten immer weiter für Sie, sollten Sie das Geld ganz unangetastet lassen. Doch die nüchterne Rechnung überzeugt längst nicht jeden. Die Frage, warum das so ist, hat Verhaltensökonomen weltweit auf den Plan gerufen. Sie fanden Erstaunliches über die Psyche von Anlegern heraus.

Über Geld spricht man nicht

Die Haltung eines Menschen zu Geldangelegenheiten wird durch viele Einflüsse geprägt. Manche resultieren aus der individuellen Sozialisierung. So prägen die Werte und Einstellungen des Elternhauses oft noch das Verhalten längst selbstständiger Erwachsener. Immer noch gilt für viele Menschen hierzulande: Über Geld wird nicht gesprochen. Über viel Geld schon gar nicht, denn es könnte Neid hervorrufen. An den Schulen wird Finanzwissen auch nur in Ansätzen vermittelt. Junge Menschen werden in der Regel ohne die wichtigsten Kenntnisse über finanzielle Angelegenheiten ins Erwachsenenleben entlassen. Je älter wir werden, desto schwerer fällt es uns, die Wissenslücken zu schließen. Dazu kommt eine gewisse Trägheit, weil die Beschäftigung mit Geld vielen Menschen einfach keinen Spaß macht.

Irrational ist menschlich

Manch andere Verhaltensweisen resultieren dagegen aus der Jahrtausende währenden Menschheitsgeschichte. Wirtschaftswissenschaftler gingen lange davon aus, dass Entscheidungen rational getroffen werden und so den ökonomisch größten Vorteil bringen.

Vom „Homo oeconomicus" ist der Mensch allerdings weit entfernt, wie Verhaltensökonomen herausfanden. In der Praxis zeigen wir Menschen zum einen Mitgefühl, Aufopferung und leisten Hilfe ohne Gegenleistung. Das widerspricht jeglicher Marktlogik von Angebot und Nachfrage – und zeigt schnell, dass Menschen sich nicht auf ein rein rational-wirtschaftliches Verhalten reduzieren lassen. Zum anderen kennt wohl jeder die üblichen menschlichen Schwächen: So kaufen Verbraucherinnen und Verbraucher immer wieder Dinge, die sie eigentlich nicht brauchen – oder Sie fallen wider besseres Wissen auf Werbeversprechen herein.

Dahinter stecken tief liegende Reaktionsmuster. Eines dieser rätselhaften Entscheidungsmuster beschreibt der Wirtschaftswissenschaftler und Nobelpreisträger Richard Thaler als das mächtigste Werkzeug im Arsenal der Verhaltensökonomik: „Grob gesprochen kann man sagen, dass Verluste ungefähr doppelt so wehtun wie Gewinne erfreuen."

Das erklärt einen Teil der Risikoscheu bei der Geldanlage. Sparer verzichten lieber auf Gewinnchancen, als sich der Gefahr von Verlusten auszusetzen, auch wenn sie gering ist. Und sie nehmen eher das Risiko in Kauf, viel zu verlieren, als mit Sicherheit

Das könnte aus 5000 Euro werden

Kleiner Aufwand, großer Effekt. So entwickelt sich ein einmal angelegter Betrag.

Rendite/Anlagedauer	1 Jahr	3 Jahre	5 Jahre	10 Jahre
2 %	5100 Euro	5306 Euro	5520 Euro	6095 Euro
4 %	5200 Euro	5624 Euro	6083 Euro	7401 Euro
6 %	5300 Euro	5955 Euro	6691 Euro	8954 Euro

Quelle: Eigene Berechnungen

einen geringen Verlust zu erleiden. Die Hoffnung, noch einmal davonzukommen, wiegt schwerer als die Gewissheit, ein wenig zu verlieren.

Emotionen statt Mathematik

Eine andere Erkenntnis der Forschung zeigt, dass Menschen Gewinn und Verlust nicht rational einschätzen können. Erst recht nicht, wenn es um Prozentrechnung geht. Dazu ein Beispiel: Wenn ein Wert von 200 Euro um 50 Prozent auf 100 Euro fällt, sich also halbiert, muss er sich im Gegenzug erst verdoppeln – also eine Steigerung um 100 Prozent – um den ursprünglichen Wert wiederherzustellen. Nach kurzem Innehalten wäre das jedem klar. Aber oft denken Menschen bei solchen vermeintlich einfachen Aufgaben zu schnell und tappen in eine Denkfalle.

Ein anderes Beispiel zeigt den Einfluss von Emotionen auf die Einstellung zu finanziellen Fragen ebenfalls sehr anschaulich. Über eine Steuerrückzahlung freuen sich Arbeitnehmerinnen wie Arbeitnehmer sicherlich. Dann haben sie im Verlauf des vergangenen Jahres mehr Lohnsteuer abgezogen bekommen als nötig. Wird dagegen weniger Lohnsteuer einbehalten und das Finanzamt verlangt deshalb eine Nachzahlung, wird dies als ärgerlicher Verlust empfunden. Dabei ist die tatsächliche Steuerlast in beiden Fällen exakt gleich.

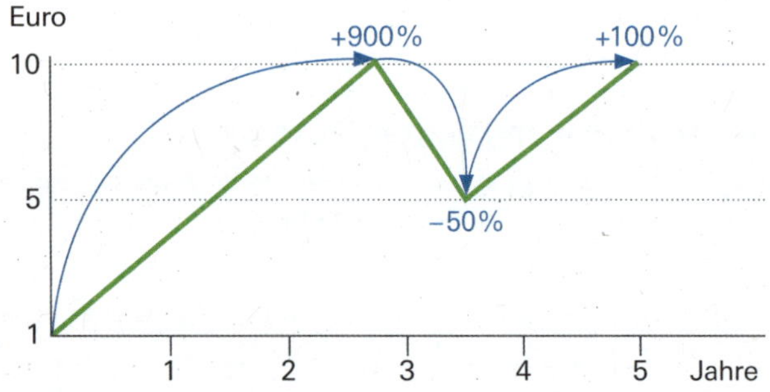

Prozentrechnung: Weil sie im Alltag seltener vorkommt, kann Prozentrechnung schnell zur Denkfalle für voreilige, falsche Schlüsse werden.

Trägheit kann auch hilfreich sein

Die menschliche Psyche erschwert das Sparen. Verhaltensökonomen suchen nach Möglichkeiten, diese Hindernisse zu überwinden und Verbraucherinnen und Verbraucher zum Beispiel zu einer verstärkten privaten Altersvorsorge zu animieren. Eine Idee ist das sogenannte Opt-Out-Modell. Dabei würde jeder Arbeitnehmer monatlich automatisch einen Sparbeitrag für die Altersvorsorge vom Lohn abgezogen bekommen. Es sei denn, er oder sie widerspricht dem ausdrücklich. Das bringt einen gewissen Aufwand mit sich. Wenn die Trägheit gewinnt, nehmen die Beschäftigten den Abzug lieber hin. Das Modell wurde auch in Deutschland für die private Altersvorsorge diskutiert, aber bisher nicht eingeführt.

Geldanlage ist also nicht nur Kopfsache, Emotionen spielen eine gewichtige Rolle. Und Trägheit und Routine können Ihre Verbündeten werden. Mit der Geldanlagestrategie des Pantoffel-Portfolios können Sie die Fallen umgehen, die mit einer Vielzahl von Entscheidungen verbunden sind. Sie richten Ihr Pantoffel-Portfolio samt Sparplan einmal ein, um danach nur einmal jährlich einen Blick darauf werfen.

Das magische Dreieck

Drei Aspekte sind bei der Geldanlage wichtig. Sie können leider nicht alle drei auf einmal haben.

Was erwarten Sie von Ihrer Geldanlage? Vermutlich stehen für Sie, wie für die meisten Anlegerinnen und Anleger, drei Begriffe im Vordergrund, die Sie sich als Spitzen eines Dreiecks vorstellen können: Sicherheit, Verfügbarkeit und Rendite.

➔ **Sicherheit:** Eine Spitze des Dreiecks bildet die Sicherheit. Sicherheit bedeutet: Das, was Sie eingezahlt haben, bekommen Sie garantiert auch wieder heraus. Das gilt zum Beispiel für Anlagen in Tages- und Festgeld. Der Preis für diese Sicherheit sind die geringeren Zinsen, die Sie für derartige Anlagen erhalten. Im Gegenzug ist Ihr Guthaben bis zu den Grenzen der Einlagensicherungssysteme absolut sicher aufgehoben.

➔ **Verfügbarkeit:** Die zweite Spitze ist die Verfügbarkeit Ihrer Ersparnisse. Wollen Sie jederzeit an Ihr Geld herankommen? Oder können Sie es auch für eine gewisse Zeit fest anlegen? Festgeldkonten bieten in der Regel einen höheren Zinssatz, je länger Sie das Geld anlegen. Die Spanne, in der Sie nicht über das angelegte Geld verfügen können, reicht von wenigen Monaten bis zu mehreren Jahren. Es gab in der Vergangenheit allerdings auch Ausnahmen. Während der Niedrigzinsphase mussten Banken für die Lagerung Ihrer Bargeldbestände bei der Europäischen Zentralbank sogar etwas bezahlen. Daher boten sie nur mickrige Zinsen an – oder kassierten bei höheren Guthaben sogar noch Gebühren für die Aufbewahrung der Vermögen.

➔ **Rendite:** Vervollständigt wird das magische Dreieck durch die Rendite als dritte Spitze. Die Höhe der Rendite ist eng mit dem Risiko verbunden. Angenommen, Sie kaufen die Aktie eines noch jungen Unternehmens, das eine echte Innovation für die Menschheit entwickelt hat und auf den Markt bringen will. Da ist das Risiko hoch, dass die Erfindung doch nicht so weltbewegend ist wie behauptet und die Aktie an Wert verliert. Wenn sich die Prognose aber bestätigt und die Firma wächst, steigt der Kurs. Mutige frühe Anleger hätten eine weit überdurchschnittliche Rendite erzielt – bei ebenso hohem Risiko für einen Totalverlust. Eine gute Geldanlage versucht die beste Rendite für das kleinste Risiko zu erreichen.

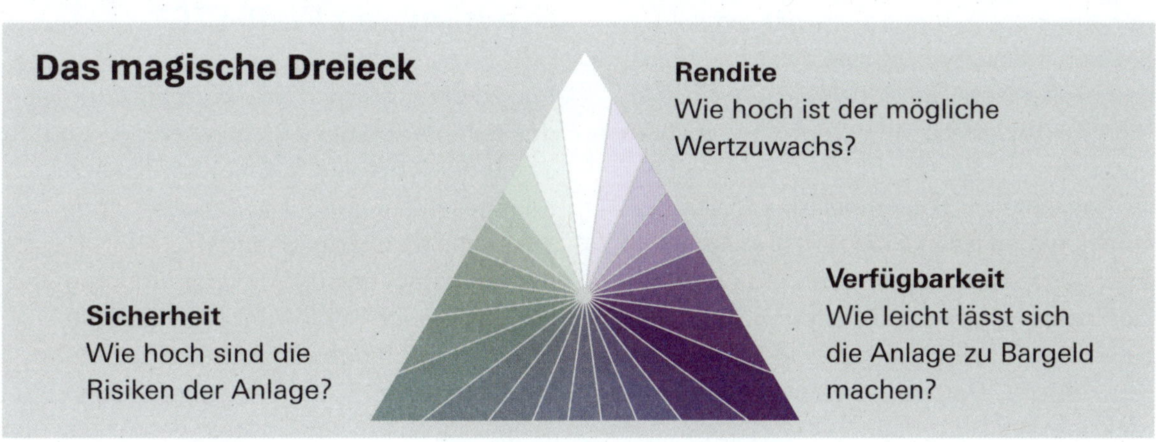

Die möglichen Kombinationen

Jetzt kommt der Haken: Natürlich sind alle drei Spitzen erstrebenswerte Ziele – aber Sie müssen sich entscheiden. Nur maximal zwei der drei Spitzen kann eine Geldanlage erfüllen.

Daraus ergeben sich die drei folgenden Kombinationen:

→ **Sicherheit und Verfügbarkeit:** Als Anlage kommt hier nur ein Tagesgeldkonto in Frage. Hier erwirtschaftet Ihr Geld zumindest Zinsen – im Gegensatz zu einem Vermögen, das ausschließlich auf dem Girokonto liegt.

→ **Sicherheit und Rendite:** Als Anlage kommt hier Festgeld in Frage – sofern diese Anlageform deutlich bessere Konditionen anbietet als Tagesgeld. Dies ist in der aktuellen Umbruchphase im Zinsbereich nicht immer der Fall, vergleichen Sie also genau die Angebote.

→ **Verfügbarkeit und Rendite:** Für Rendite führt kein Weg an der Börse vorbei. Als Anlageform für diese Kombination kommen ETF in Frage. Die Verfügbarkeit ist bei einer langfristigen Geldanlagestrategie eher theoretisch zu sehen. Sie kommen im Prinzip jederzeit an Ihr Geld heran – müssen aber je nach Zeitpunkt unter Umständen Verluste in Kauf nehmen. Dann könnte zwischenzeitlich weniger Geld im Depot liegen als Sie ursprünglich einmal eingezahlt hatten. Im Idealfall wollen Sie Ihr Geld über einen längeren Zeitraum liegen lassen.

Risiken kennen, einschätzen und danach handeln

Die Geldanlagestrategie von Finanztest soll zu Ihrer Lebenssituation passen und Ihnen nicht den Schlaf rauben. Daher gibt es drei Risikoprofile. Sie entscheiden selbst.

Rendite kommt von Risiko – dessen sollten Sie sich stets bewusst sein. Wer das Risiko komplett scheut, darf auch keine traumhaften Wertzuwächse beim Vermögensaufbau erwarten.

Das Gute ist: Sie können das Risiko bis zu einem gewissen Grad selbst steuern. Auch als risikoscheue Person brauchen Sie also nicht komplett auf Renditeaussichten zu verzichten. In der Finanztest-Strategie des Pantoffel-Portfolios haben Sie dafür mehrere Stellschrauben.

Streuung mit Welt-ETF

Von Aktien hört man im Alltag oft nur, wenn das dahinter stehende Unternehmen und damit der Kurs eine außerordentliche Erfolgsgeschichte hinter sich haben – oder einen spektakulären Skandal.

Das Paradebeispiel aus der jüngeren Vergangenheit ist wohl Wirecard. Das Unternehmen galt lange als Hightech-Hoffnung aus Deutschland. Der Aktienkurs stieg und stieg angesichts des riesigen Potenzials, das selbst Finanzexperten der Firma zusprachen. Auch viele Kleinanleger investierten viel Geld in die Aktie. 2020 platzten jäh alle Blütenträume. Die Geschäfte erwiesen sich als Luftnummer, fast zwei Milliarden Euro verschwanden einfach. Der Aktienkurs, in der Spitze bei fast 200 Euro, sackte auf unter einen Euro ab. Wer Wirecard-Aktien gekauft hatte, blickte auf einen Totalverlust.

Dieses Beispiel zeigt eindrücklich, weshalb eine breite Streuung so empfehlenswert ist. Bei einzelnen Werten kann das Verlustrisiko hoch sein. Bei Tausenden von Aktien in einem Welt-ETF ist das Einzelfallrisiko dagegen gering. Wirecard war 2019 unter den mehr als 1500 Indexmitgliedern des MSCI World eine so kleine Nummer, dass der Niedergang der Firma im Indexverlauf kaum erkennbar war.

Deshalb ist der Renditebaustein des Pantoffel-Portfolios auf Welt-ETF fokussiert, die das Risiko so weit verteilen, dass einzelne faule Eier im Korb nicht ins Gewicht fallen.

Langer Anlagehorizont

Eine zweite Möglichkeit, das Risiko am Aktienmarkt zumindest deutlich zu verringern, ist eine möglichst lange Anlagedauer.

Seit seinem Start legte der MSCI World einen beachtlichen Lauf hin. Im Durchschnitt legte der Index seit seinem Start um 9,5 Prozent pro Jahr zu. Dabei gab es zwischenzeitlich auch mehrfach herbe Verlustjahre, ausgelöst durch Kriege, Wirtschaftskrisen oder andere außergewöhnliche Ereignisse. Als die Dotcomblase platzte, brach der Index um bis zu 60 Prozent ein und brauchte über zehn Jahre, um wieder neue Höhen zu erklimmen (siehe Grafik Seite 13).

Wer einen langen Anlagehorizont von zehn Jahren oder länger hat, kann erfahrungsgemäß selbst solche großen Rückschläge ohne Verluste überstehen. Er kann warten, bis sich die Kurse erholen und ist nicht gezwungen, sein Geld zum schlechtesten Zeitpunkt zu entnehmen.

Die drei Risikoprofile beim Pantoffel-Portfolio

Ist Ihnen noch immer nicht wohl bei dem Gedanken, Ihr Geld dem Auf und Ab der Börse auszusetzen? Keine Sorge: Wir empfehlen nie, alles Geld in ETF zu stecken. Das Pantoffel-Portfolio von Finanztest besteht aus einem Sicherheitsbaustein mit Tages- oder Festgeld und einem Renditebaustein mit ETF. Das Verhältnis der beiden zueinander kann unterschiedlich gewichtet werden. Wir schlagen dafür drei Varianten vor:

→ **Defensiv:** 75 Prozent Sicherheitsbaustein, 25 Prozent Renditebaustein.

→ **Ausgewogen:** 50 Prozent Sicherheitsbaustein, 50 Prozent Renditebaustein.

→ **Offensiv:** 25 Prozent Sicherheitsbaustein, 75 Prozent Renditebaustein.

So vermindert das Pantoffel-Portfolio das Risiko und bringt trotzdem einen ansehnlichen Ertrag. Die Rendite der letzten 30 Jahre liegt etwa in der ausgewogenen Variante bei 5,5 Prozent (siehe Seite 54). Lassen Sie sich aber nicht nur von der Rendite locken, sondern beachten Sie auch die jeweils schlechteste Rendite. Je höher Ihr ETF-Anteil ist, desto mehr zieht dieser in einem schlechten Börsenjahr Ihr Portfolio nach unten.

Bei der Wahl des eigenen Risikoprofils gibt es kein Richtig oder Falsch, kein Besser oder Schlechter. Wofür Sie sich entscheiden, hängt neben Ihrem Anlagehorizont auch von folgenden Faktoren ab:

→ **Risikoneigung:** Wie bereit sind Sie, gewisse Risiken einzugehen, um damit die Möglichkeit (nicht jedoch die Gewissheit) auf eine entsprechend höhere Rendite zu erhalten?

→ **Risikotragfähigkeit:** Wie viel Vermögensverlust können Sie (zeitweise oder dauerhaft) ertragen, ohne in ernsthafte finanzielle Schwierigkeiten zu geraten?

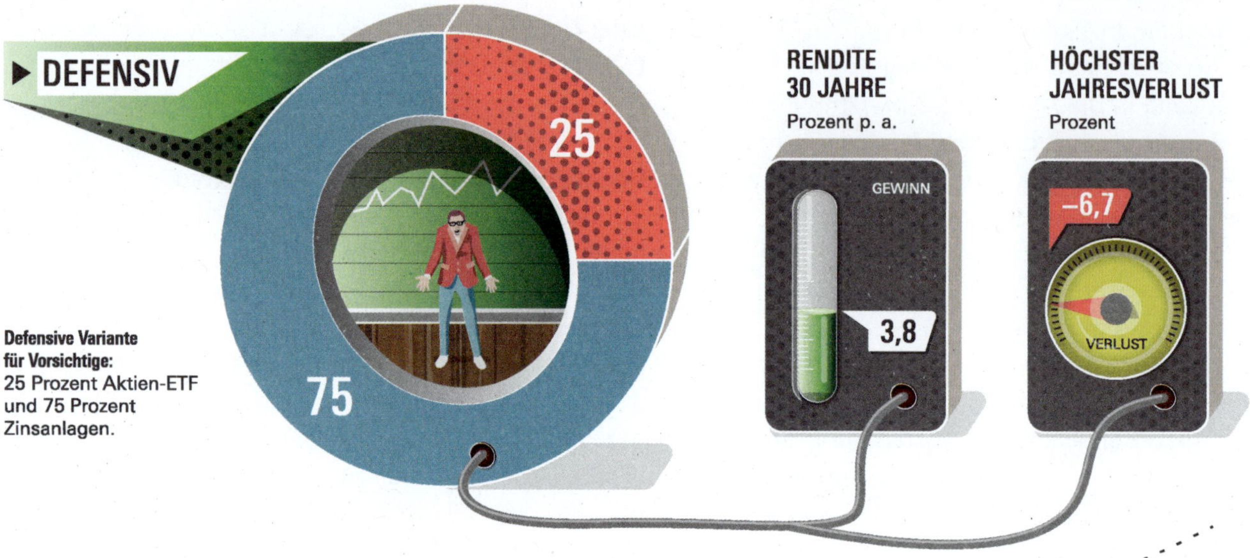

Defensive Variante für Vorsichtige: 25 Prozent Aktien-ETF und 75 Prozent Zinsanlagen.

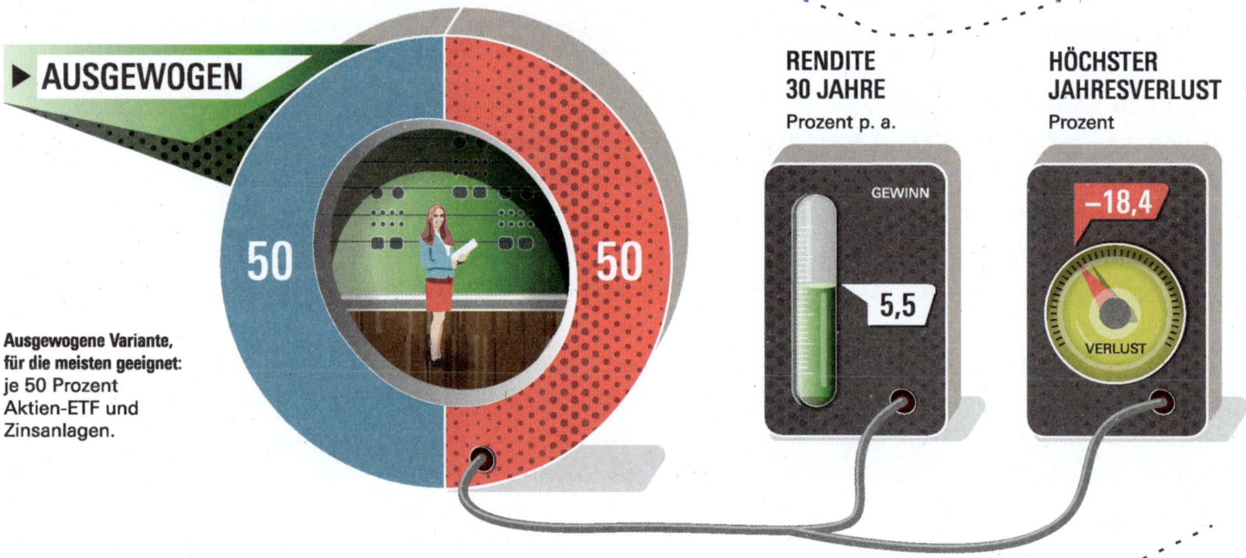

Ausgewogene Variante, für die meisten geeignet: je 50 Prozent Aktien-ETF und Zinsanlagen.

Offensive Variante für Risikobereite und junge Leute, die fürs Alter sparen: 75 Prozent Aktien-ETF und 25 Prozent Zinsanlagen.

Stand: 30. September 2023
Quellen: Refinitiv, eigene Simulationen

Entscheidungshilfen für das individuelle Risikoprofil

Vielleicht neigen Sie intuitiv schon einer der drei Varianten zu. Doch bevor Sie sich entscheiden, sollten Sie noch etwas mehr über Risiken und Chancen der Geldanlage wissen und Ihre eigene Situation genau einschätzen. Einfach loszulegen ist möglich, jedoch nicht ratsam. Zunächst ist der Kopf gefragt. Es gibt einige rationale Erwägungen, die für die eine oder andere Vorgehensweise sprechen.

Anhand der folgenden frei erfundenen Musterpersonen können Sie sich ein Bild von möglichen Erwägungen verschaffen.

Lena, die Vorausschauende, 32 Jahre
Lena will regelmäßig für später vorsorgen und durch eine gute Geldanlage ein möglichst großes Vermögen zusammenbringen. Ihr Ziel ist der Vermögensaufbau zur privaten Altersvorsorge.

Sie entscheidet sich für ein offensives Portfolio. Ein Viertel des monatlichen Sparbeitrags überweist sie auf ein Tagesgeldkonto. Drei Viertel der monatlichen Rücklage überweist sie an ihr Depot und finanziert damit einen ETF-Sparplan. Da sie für ein langfristiges Ziel spart und bereits einen Notgroschen hat, kann sie auch Turbulenzen am Aktienmarkt gut verkraften. Schließlich liegen noch 35 Jahre bis zur Rente vor ihr. Da bleibt genug Zeit, zwischenzeitliche Schwächephasen an der Börse auszusitzen.

➔ Je länger der Anlagezeitraum, desto höher darf das Risiko sein. Zwischenzeitliche Verluste sitzt Lena gelassen aus. Zum Ende der Zeit könnte Sie umschichten und so zu einem geringeren Risikoprofil wechseln.

Friedrich, der Weltreisende, 50 Jahre
Die Weltreise soll in fünf Jahren losgehen. Das Geld dafür hat er schon fast zusammen. Er will es nun so anlegen, dass die noch fehlende Summe zusammenkommt. Dafür muss es schon eine gute Rendite erwirtschaften.

Dennoch entscheidet er sich für eine defensive Ausrichtung. Denn wenn es an der Börse einmal richtig schlecht laufen sollte, reicht die Zeit zum Ausgleich denkbarer Verluste womöglich nicht. Ein Viertel des Geldes steckt Friedrich in einen ETF, der die Entwicklung weltweit gestreuter Aktien abbildet. Drei Viertel legt er als Festgeld an. Hier hat er ein gutes Angebot gefunden, das bei fünfjähriger Bindung mehr einbringt als ein Tagesgeldkonto. Einen Notgroschen hat er ohnehin schon beiseitegelegt.

➔ Bei kurzen Anlagezeiträumen sollten Sie aufgrund möglicher Kursschwankungen lieber auf Nummer sicher gehen. Kracht es an der Börse, platzt der Traum von der Weltreise. Die Risikotragfähigkeit ist daher gering.

Anne und Claas, die jungen Eltern, 28 und 30 Jahre
Allzu lange ist das Studium der beiden noch nicht her. Sie können sich noch gut daran erinnern, wie knapp die Kassenlage in dieser Zeit immer war. Das wollen sie ihrem Kind ersparen, sofern es selbst einmal ein Studium aufnimmt. So legen sie monatlich schon einmal einen kleinen Betrag für die Unterstützung zurück. Wenn das Kind volljährig ist, soll die Rücklage einen großen Teil der Ausbildungskosten decken können. Weil Sie den Umgang mit großen Summen und die Schwankungen an der Börse noch nicht gewöhnt sind, möchten sie zunächst nicht zu viel riskieren.

Sie entscheiden sich daher für einen ausgewogenen Pantoffel. Für die Hälfte der monatlichen Rücklagen erwerben sie Anteile an einem ETF. Da der Anlagehorizont langfristig ist, bleibt das Schwankungsrisiko über die Jahre in einem kalkulierbaren Rahmen. Die andere Hälfte zahlen sie monatlich auf ein Tagesgeldkonto mit guten Konditionen ein.

➔ Der Anlagehorizont ist ein Aspekt bei der Wahl des Risikoprofils, daneben aber auch Ihre Risikoneigung. Die Geldanlage soll Ihnen nicht den Schlaf rauben.

Rendite mit dem Pantoffel – so viel war bisher drin

Diese Rendite gab es beim Pantoffel-Sparplan für die verschiedenen Risikoprofile.

	Durchschnittliche Sparplanrendite (Prozent pro Jahr)				
	Tagesgeld	**Defensiv**	**Ausgewogen**	**Offensiv**	**Aktien-ETF**
1990–1999	4,6 %	9,4 %	13,1 %	16,7 %	19,5 %
2000–2009	3,0 %	2,0 %	1,0 %	–0,3 %	–1,5 %
2010–2019	0,1 %	3,4 %	6,4 %	9,4 %	11,9 %
2020–Heute	1,5 %	3,1 %	4,6 %	6,1 %	7,6 %
30 Jahre	1,3 %	**3,8 %**	**5,5 %**	**6,6 %**	7,6 %
20 Jahre	0,7 %	3,5 %	5,7 %	7,6 %	9,3 %
10 Jahre	0,6 %	3,3 %	5,6 %	7,7 %	9,5 %
5 Jahre	1,1 %	3,2 %	5,1 %	7,0 %	8,7 %
1 Jahr	3,4 %	4,0 %	4,7 %	5,3 %	5,9 %
Schlechteste Rendite 1 Jahr	0 %	**–6,7 %**	**–18,4 %**	**–27,9 %**	–39,2 %
Schlechteste Rendite 10 Jahre	0 %	1,6 %	–0,7 %	–2,9 %	–5,9 %
Anpassungen[1)]	0 %	5,0 %	9,0 %	7,0 %	0 %

Berechnung nach Kosten, vor Steuern. Zur Simulation der Aktienbausteine verwenden wir die Total-Return-Indizes von MSCI in Euro. Als Tagesgeldzins setzen wir den 3-Monats-Euribor an, mindestens jedoch 0 Prozent.

1) Bezieht sich auf 30-Jahres-Zeitraum. Quellen: Refinitiv, eigene Simulationen. Stand: 30.9.2023

Bernadette, die Angestellte, 60 Jahre
Für Bernadette ist die Rente langsam in Sicht. Sie möchte die verbleibenden Erwerbsjahre nutzen, um noch ein kleines Polster aufzubauen. Auch wenn Sie derzeit sehr gut verdient und am Monatsende nicht auf das Geld achten muss, war sie in früheren Jahren lange Zeit selbstständig und kann daher nur eine geringe gesetzliche Rente erwarten.

Zum Renteneintritt möchte Sie von der Einzahlphase auf eine Auszahlphase wechseln und sich so monatlich vom Ersparten eine eigene kleine Summe auszahlen.

Da der Großteil ihres Vermögens durch die nur schrittweise erfolgende Auszahlung weiter angelegt bleibt und damit weiter Rendite abwerfen kann, entscheidet sie sich für die ausgewogene Variante. So hält ihr Vermögen länger.

→ Eine schrittweise Auszahlphase verringert das Risiko, einen schlechten Zeitpunkt zu erwischen. Das weiterhin angelegte Geld erwirtschaftet zudem weiter Rendite.

Hannes, der Gutverdiener, 40 Jahre
Finanzielle Sorgen kennt Hannes nicht. Er hat eine Immobilie geerbt, in der er wohnt, auch bringt sein Job viel ein. Nun will er das Guthaben, das bisher unverzinst auf seinem Girokonto lag, endlich anlegen. Durch seinen Job ist er jedoch ständig den Wirtschaftsnachrichten ausgesetzt. Er könnte nicht ruhig schlafen, wenn er in den Zeitungen etwas von drohender Rezession und neuen Finanzmarktkrisen lesen würde und dabei wüsste, dass sein Vermögen gerade im zweistelligen Minusbereich liegt.

Er entscheidet sich daher für eine defensive Portfolioausrichtung. Sein bisheriges Vermögen legt er zu drei Vierteln in einem Festgeldtreppenmodell an (siehe Seite 61) und zu einem Viertel als Einmalanlage in einem Welt-ETF. Die monatliche Sparplansumme teilt er ebenso zwischen einem Tagesgeldkonto und seinem Depot auf.
→ Nicht nur der Anlagehorizont und die Risikotragfähigkeit spielen eine Rolle, auch Ihre Risikoneigung ist entscheidend bei der Auswahl.

Sie ermitteln Ihr eigenes Risikoprofil

Nun steht der nächste Schritt zu einer bequemen Geldanlage an. Entscheiden Sie sich, in welches Risikoprofil Sie sich einordnen wollen und wie Sie Ihr Geld auf die beiden Bausteine verteilen wollen. Berücksichtigen Sie dabei Ihre Sparziele, Ihren Anlagehorizont sowie Ihre persönliche Risikoneigung und Risikotragfähigkeit. Wie Sie sich entscheiden, muss allein Ihre Sache sein.

Die wichtigste Regel dabei: Sie müssen sich mit Ihrer Entscheidung wohlfühlen. Die eigene Geldanlage soll Ihnen nicht den Schlaf rauben. Einmal im Jahr sollten Sie das aktuelle Verhältnis überprüfen. Weicht der Wert um mehr als 10 Prozentpunkte von Ihrem eigentlichen Risikoprofil ab, sollten Sie tätig werden. Mehr dazu erfahren Sie im Kapitel „Balance im Blick“ ab Seite 90.

Checkliste: Welcher Geldanlage-Typ bin ich?

Stellen Sie sich den Fragen aus der Checkliste und entscheiden Sie sich für eine Variante. Diese Fragen sind keineswegs abschließend. Wenn für Sie noch weitere Faktoren unklar sind, klären Sie sie ehrlich für sich selbst. Erst dann sollten Sie sich für ein Risikoprofil entscheiden.

→ S. 123

Eine Änderung des Risikoprofils ist möglich

Ganz unabhängig davon ist Ihre Wahl nicht in Stein gemeißelt. Sie können die Zusammensetzung Ihres Portfolios im Zuge eines Rebalancings auch ändern.

Bleiben Sie aber zunächst einige Jahre bei Ihrem anfangs gewählten Risikoprofil. Im Idealfall sollten Sie sowohl gute als auch schlechte Börsenphasen mit diesem Risikoprofil erleben. Anderenfalls besteht die Gefahr, die eigene Risikoneigung zu überschätzen, wenn ein außergewöhnlich gutes Börsenjahr für den Regelfall gehalten wird.

Jetzt geht's los

Sie haben inzwischen einen Überblick über Ihre finanziellen Möglichkeiten und wissen, wie Sie Ihr Geld zwischen dem Sicherheits- und dem Renditebaustein aufteilen wollen.

Nun ist es an der Zeit, sich den beiden Bausteinen des Pantoffel-Portfolios im Details zu widmen: zunächst dem Sicherheitsbaustein und im Anschluss dem Renditebaustein.

So sichern Sie Ihr Vermögen

Es wird Zeit für den zweiten großen Schritt in Richtung des eigenen Renditedepots: Die Auswahl des Sicherheitsbausteins. Danach haben Sie zwei Drittel des Weges schon geschafft. Die Voraussetzungen kennen Sie bereits – Personalausweis, Girokonto und Smartphone oder Computer sind vorhanden.

Sicherheitsbaustein mit Tagesgeld

Die Konditionen für Tagesgeld haben sich zuletzt deutlich verbessert. Hier ist Ihr Geld sicher angelegt und stets verfügbar.

Einer der beiden Bausteine des Pantoffel-Portfolios ist der Sicherheitsbaustein. Dieses Geld liegt auf einem Tages- oder Festgeldkonto. Hier liegt Ihr Geld ebenso risikolos wie auf dem Girokonto – im Gegensatz dazu erhalten Sie jedoch Zinsen. Das Geld ist – zumindest auf einem Tagesgeldkonto – auch ebenso verfügbar wie auf dem Girokonto.

Top-Tagesgeld-Angebote

So viel gibt's derzeit für Tagesgeld.

Anbieter	Höchster Zins
Trade Republic	4,074 %
Stellantis Direktbank [1)]	3,970 %
Opel Direktbank [1)]	3,919 %
Renault Bank direkt [1)]	3,919 %
Norisbank [1)]	3,906 %
TF Bank [1)]	3,867 %
Volkswagen Bank [1)]	3,867 %
Barclays Bank [1)]	3,850 %
Comdirect [1)]	3,803 %
J&T Direktbank	3,763 %

1) Zeitlich befristetes Angebot. Stand: 2. Januar 2024

Dennoch soll dieses Geld kein Notgroschen sein. Ein Notgroschen besteht aus etwa drei Monatsgehältern, liegt auf einem separaten Tagesgeldkonto und sollte für Notfälle stets verfügbar sein.

Das Geld auf dem Tages- oder Festgeldkonto, um das sich dieses Kapitel dreht, ist hingegen einer der zwei Bausteine Ihrer langfristigen Geldanlage. Es sollte, soweit es irgend möglich ist, nicht angetastet werden. Nur so kann zum einen ein langfristiger Vermögensaufbau zustande kommen, und nur so kann zum anderen die Aufteilung nach Ihrem Risikoprofil gewahrt bleiben, für die Sie sich entschieden haben.

Es gibt wieder Zinsen

Am 27. Juli 2022 veränderte sich die Welt für Sparerinnen und Sparer fundamental. Die Europäische Zentralbank (EZB) begann, die Leitzinsen zu erhöhen – insgesamt zehn Mal in Folge: von 0 Prozent auf 4,5 Prozent im September 2023.

Den Einlagenzins erhöhte sie im selben Zeitraum auf zuletzt 4,0 Prozent. Dieser Zins ist auch für alle Sparerinnen und Sparer besonders wichtig, weil er angibt, wie viel Geschäftsbanken für ihr Geld erhalten, das sie bei der EZB parken. Denn im Idealfall reichen Banken steigende Zinssätze für Einlagen auch an ihre Kunden weiter. Und tatsächlich: Es lohnt sich endlich wieder, Erspartes anzulegen, um mit den Zinsen die Inflation zu schlagen.

Zinsen per Tagesgeldkonto

Zunächst eröffnen Sie ein Tagesgeldkonto. Sie können es bei Ihrer Hausbank eröffnen oder auch ein besseres Angebot eines anderen Instituts nutzen. Es gibt im Internet zwar viele Vergleichsportale für Zinsangebote. Nicht alle zeigen jedoch die besten Ergebnisse – und längst nicht alle überprüfen und untersuchen so genau, ob es sich bei den allzu verlockenden Angeboten nicht letztlich um eine Betrugsmasche handelt. Finanztest macht genau das tagtäglich – und hat einen einfachen Weg zu den aktuell besten Offerten eingerichtet. Unter test.de/tagesgeld finden Sie einen ständig aktualisierten Tagesgeldvergleich – und unter test.de/festgeld finden Sie das gleiche Angebot für diese Art der Geldanlage.

Sie können bei diesem Vergleich über eine Filterfunktion verschiedene Ansprüche für Ihr Tagesgeld eingeben und zum Beispiel nach der besten Rendite filtern oder dass das Angebot dauerhaft gut, von einer deutschen Bank oder von einem nachhaltigen Institut sein soll. Die jeweils besten Angebote finden Sie ganz oben in der Liste. Sie können die Angebote verschiedener Banken miteinander vergleichen. Haben Sie sich für eines entschieden, kommen Sie anschließend in wenigen Schritten an Ihr Tagesgeldkonto (siehe Anleitung rechts oben).

SCHRITT FÜR SCHRITT

In 5 Schritten zum Tagesgeldkonto

1 **Wählen Sie auf test.de/tagesgeld** die gewünschte Bank aus. Auf einer neuen Seite finden Sie die Details und ganz unten einen Link, mit dem Sie direkt zum Angebot gelangen.

2 **Auf der Webseite der Bank** können Sie online den Antrag zur Kontoeröffnung ausfüllen.

3 **Nun müssen Sie sich per Videoident** der Bank gegenüber identifizieren. Dafür brauchen Sie Ihren Personalausweis und eine Kamera in PC oder Smartphone.

4 **Die Bestätigung der Bank erfolgt** spätestens einige Bankarbeitstage später online oder per Post. Per Post werden Ihnen gegebenenfalls auch die notwendigen Zugangsdaten zugeschickt, zur Sicherheit getrennt voneinander.

5 **Nun können Sie einen Betrag** auf das Tagesgeldkonto überweisen oder einen Sparplan darauf anlegen. Ab diesem Zeitpunkt erhalten Sie Zinsen für Ihr Guthaben.

Nachhaltige Banken

Auch grüne Banken bieten Tagesgeld an. Sie setzen kritischere Anlagekriterien an, sind oft sehr transparent, was ihre Investments angeht und fördern Projekte mit Bezug zu sozialem Engagement und/oder Umweltschutz.

Wollen Sie Ihren Sicherheitsbaustein bei einer solchen Bank einrichten, suchen Sie zunächst auf test.de/tagesgeld über das Feld „Bank mit Nachhaltigkeitsanspruch“ ein Geldinstitut, das Ihren Vorstellungen von nachhaltigen Finanzgeschäften am nächsten kommt und die Konditionen anbietet, die Ihnen zusagen. Achten Sie auch auf Mindestanlagen, Maximalbeträge und befristete Angebote, was den Zinssatz angeht. Eröffnen Sie im Anschluss dort in wenigen Schritten ein neues Tagesgeldkonto, wie in der Anleitung oben beschrieben.

Zusammen mit einem grünen Renditebaustein (siehe „Nachhaltige ETF und Fonds“, Seite 86) können Sie so ein komplett auf Anbietern mit Nachhaltigkeitsanspruch basierendes Portfolio aufbauen.

Sicherheitsbaustein mit Festgeld

Der Name sagt schon fast alles: Beim Festgeld wird ein Geldbetrag für eine schon zum Start vereinbarte Zeit fest angelegt.

Die Zeiträume sind allerdings weit gespannt. Es gibt Angebote für wenige Monate, ein Jahr oder auch einen Zeitraum von zehn Jahren. In dieser Zeit kommen Kundinnen und Kunden nicht an ihr Guthaben heran. Auch lässt sich die Vereinbarung normalerweise nicht vorzeitig kündigen.

Die fehlende Flexibilität im Vergleich zum Tagesgeld wird durch einen über die Laufzeit garantierten Zinssatz belohnt. Zwar liegen die Angebote zwischen Tages- und Festgeld derzeit nah beieinander. Die Konditionen bei ihrem Tagesgeld könnten sich jedoch theoretisch schon morgen ändern. Bei Festgeld ist die Verzinsung bis zum Schluss festgelegt. Egal, wie sich der Marktzins während der Laufzeit verändert, bleibt der Zins für Festgeld bis zum Ende der Laufzeit gleich. Das kann Vor- und Nachteile haben. Wenn Sie zum Beispiel vor zwei Jahren einen fünfjährigen Festgeldvertrag abgeschlossen hatten, wären Sie bis zum Ende an die damals noch äußerst mageren Zinsen gebunden. Selbst wenn das Zinsumfeld sich inzwischen deutlich aufgehellt hat – Sie kommen aus diesem Festgeldvertrag nicht heraus.

Das kann natürlich auch umgekehrt laufen: Ergattern Sie eine hohe mehrjährige Verzinsung, sind Ihnen diese attraktiven Konditionen über die ganze Laufzeit sicher, auch wenn es bei aktuellen Angeboten bereits viel weniger zu holen gäbe.

Es gibt auch spezielle Festgeldkonstrukte. Bei manchen Angeboten steigt die Verzinsung von Jahr zu Jahr an. Banken und Sparkassen haben sich für derlei Angebote viele Namen einfallen lassen: „Zuwachssparen“ oder „Prämiensparen“ nennen zum Beispiel die Sparkassen Produkte, die über eine längere Zeit laufen und die Treue der Sparer entweder durch steigende Zinsen oder eine jährliche Prämie belohnen.

Achten Sie beim Festgeld auf das Verfahren am Ende der Laufzeit. Es gibt Angebote, die gekündigt werden müssen und sich anderenfalls automatisch verlängern. Notieren Sie sich in diesem Fall, wann Sie die Bank darüber informieren müssen, dass der Vertrag beendet werden soll.

Weitere Festzinsangebote

Es gibt eine Reihe weiterer Bankprodukte, die für einen zuvor festgelegten Anlagezeitraum eine feste Verzinsung bieten. Dazu gehören etwa Sparbriefe oder Sparkassenbriefe. Dabei handelt es sich um eine Mischung aus Festgeld und einem festverzinslichen Wertpapier. Ein Vorteil ist, dass das verzinste Kapital am Ende der Laufzeit automatisch an die Anleger überwiesen wird, also die Falle der Kündigungsfrist nicht besteht.

Etwas komplizierter werden Sparbriefe in einer Variante, in der die Zinsen erst am Ende der Laufzeit gutgeschrieben werden. Bei höheren Zinsbeträgen könnte dadurch der Sparerfreibetrag deutlich überschritten und ein größerer Steuerbetrag auf die erhaltenen Zinsen fällig werden. Außerdem profitieren Sie so nicht vom Zinseszinseffekt. Vor dem Kauf eines Sparbriefs sollte Sie diesen Aspekt daher prüfen.

Anlegen mit Zinstreppe

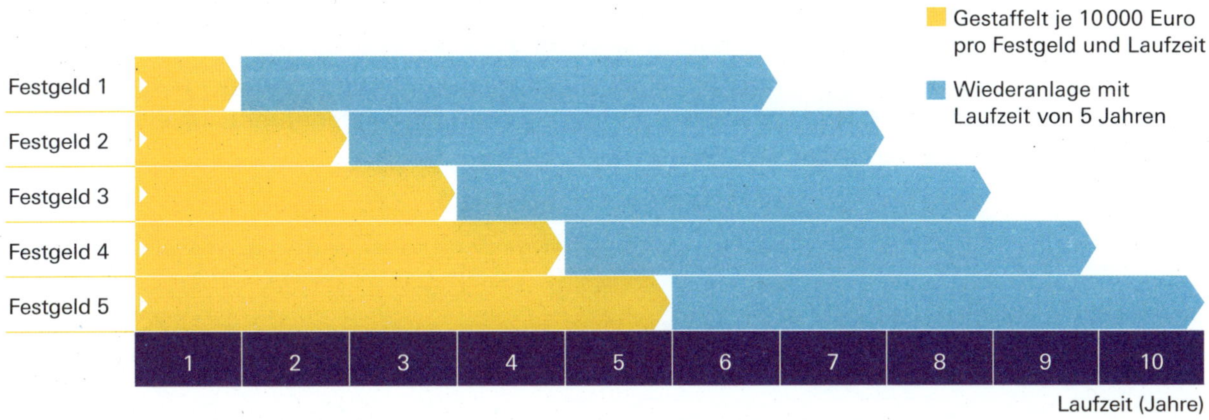

Beispiel: Bei einem Anlagebetrag von 50000 Euro legen Sparer fünf Festgelder mit gestaffelten Laufzeiten an. Jedes Jahr werden 10000 Euro (ein Fünftel der Summe) frei und dann für weitere fünf Jahre angelegt. So kann die Treppe unbegrenzt fortgesetzt werden.

Ein Festgeldkonto anlegen – so gehen Sie vor

Finanztest hat auch für Festgelder einen ständig aktualisierten Vergleich der besten Angebote entwickelt, den Sie unter test.de/festgeld finden. Wie beim Tagesgeld werden die Offerten von mehreren Hundert Banken aufgeführt. Analog zum Abschnitt beim Tagesgeld auf Seite 58 können Sie mit wenigen Klicks beim gewünschten Geldhaus ein Festgeldkonto eröffnen, nachdem Sie sich für eines der Angebote entschieden haben.

Haben Sie über ein Zinsportal ein vermeintlich gutes Angebot bei einer ausländischen Bank gefunden, achten Sie darauf, dass diese einerseits der gesetzlichen Einlagensicherung unterliegt und andererseits in einem Land ansässig ist, das diese Sicherung im Ernstfall auch gewährleisten kann (siehe Seite 63). Alle in unserem Festgeldfinder gelisteten Angebote entsprechen von vornherein diesen Anforderungen.

Im Gegensatz zum Tagesgeld müssen Sie sich allerdings zudem noch auf eine Laufzeit der Anlage festlegen. In der Regel werden die meisten Vereinbarungen für wenige Monate oder ein Jahr geschlossen. Doch bei einer attraktiven Verzinsung bieten sich auch längere Laufzeiten an.

Die Festgeldtreppe

Die große Unbekannte ist immer die allgemeine Entwicklung des Marktzinses. Das Prinzip dahinter ist folgendes: Steigen die Marktzinsen während der Laufzeit des Festgeldes, profitieren Sie davon mit der angelegten Summe nicht, weil Sie einen festen Zinssatz vereinbart haben. Sinkt der Marktzins, fahren Sie besser als mit einem neuen Abschluss.

Dieser Unsicherheit lässt sich mit einer einfachen Strategie begegnen – der Festgeldtreppe. Angenommen, Sie wollen 10000 Euro fest anlegen. Dann teilen Sie den Betrag in fünf Tranchen von je 2000 Euro. Die einzelnen Tranchen legen Sie zu unterschiedlichen Laufzeiten von einem, zwei, drei, vier und fünf Jahren an.

Nach jedem Jahr wird dann eine Tranche wieder freigegeben und kann je nach Marktentwicklung zu besseren Konditionen wieder angelegt werden. Auf diese Weise halten Sie mit Ihrem Festgeld Schritt mit der Marktentwicklung. Diese Strategie hat auch den Vorteil, dass am Ende jeden Jahres wieder Geld für Sie verfügbar wird. Natürlich hängt die Auswahl der Laufzeit auch von Ihren Sparzielen ab. Wollen Sie etwa in drei Jahren eine ausreichende Summe für eine Anschaffung zusammenbekommen, ist ein Festgeld mit längerer Laufzeit wenig sinnvoll.

Top-Festgeldangebote

Die besten Festzinsangebote für Laufzeiten von einem Monat bis zu zehn Jahren.

Laufzeit	Höchster Zins	Anbieter (Zinsportal)
1 Monat	3,00 %	EBI Groupe Ecobank (Zinspilot)
3 Monate	3,70 %	Stellantis Direktbank
6 Monate	3,90 %	Crédit Agricole Consumer Finance (Norisbank Zinsmarkt)
9 Monate	3,95 %	Crédit Agricole Consumer Finance (Norisbank Zinsmarkt)
1 Jahr	4,20 %	J & T Direktbank
18 Monate	4,00 %	Crédit Agricole Consumer Finance (Norisbank Zinsmarkt)
2 Jahre	4,15 %	My Money Bank (Deutsche Bank Zinsmarkt)
3 Jahre	4,10 %	My Money Bank (Deutsche Bank Zinsmarkt)
4 Jahre	4,00 %	J & T Direktbank
5 Jahre	4,00 %	My Money Bank (Deutsche Bank Zinsmarkt)
6 Jahre	3,60 %	Crédit Agricole Consumer Finance (Deutsche Bank Zinsmarkt)
7 Jahre	3,60 %	Crédit Agricole Consumer Finance (Deutsche Bank Zinsmarkt)
8 Jahre	3,25 %	Bausparkasse Mainz
9 Jahre	3,30 %	Bausparkasse Mainz
10 Jahre	3,75 %	pbb direkt

Stand: 2. Januar 2024

Vorsicht bei verlockenden Angeboten auf Zinsportalen

Die Zinsen steigen. Sparerinnen und Sparer sind auf der Suche nach den besten Angeboten. Viele Webseiten werben mit Vergleichen und Top-Konditionen. Nicht alle sind seriös.

Suchen Sie ein gebrauchtes Fahrzeug, ein schickes Hotel für den Wochenendtrip oder ein neues Küchengerät, haben Sie sicher schon Preisvergleichsportale im Internet genutzt. Auch in Sachen Geldanlage gibt es solche Portale. Ist ein Kunde oder eine Kundin an einem Angebot interessiert, vermittelt das Portal den Kauf oder die Dienstleistung – und erhält dafür eine Belohnung für die Vermittlung.

In unseren Übersichten test.de/tagesgeld und test.de/festgeld listen wir für Sie stets aktuell die besten seriösen Angebote. Dabei berücksichtigen wir nur Banken aus EU-Staaten, dem Europäischen Wirtschaftsraum (EWR) sowie Großbritannien, sofern deren Herkunftsländer von allen drei großen Ratingagenturen Fitch, Moody's und Standard & Poor's eine Topbewertung (AAA oder AA) haben.

Doch wir sind bei Weitem nicht die einzigen Anbieter: Bei der Suche nach den besten Zinsen landen Sie bald auf den Seiten eines der unzähligen Zinsportale. Diese Seiten sammeln europaweit Angebote für Tages- und Festgeld. Die Angebote können sich oft sehen lassen – zumindest auf den ersten Blick. Denn es gibt immer wieder Haken bei diesen Geschäftsmodellen.

Konditionen sind heiß begehrt. Immer wieder versuchen Webseiten mit nur vermeintlich guten Angeboten, diese Kundschaft abzufischen.

In einigen Fällen lassen kleine Details das Angebot am Ende deutlich schlechter dastehen: Mal werden die Zinsen erst nach Ablauf der Vertragsbindung gutgeschrieben, wodurch Ihnen der Zinseszinseffekt entgeht und eventuell Steuern anfallen. Mal wird die Rendite durch einen Bonus aufgepumpt, den es aber nur bei der ersten Anlage gibt. Damit sind in der Vergangenheit einige Portale aufgefallen.

Nicht selten steckt dahinter aber auch eine handfeste Betrugsabsicht. Es sind vermehrt Kriminelle unterwegs, die ihr eigenes Vermögen mehren und Ihnen dafür Ihr Geld abknöpfen wollen. Finanztest hat eine ganze Reihe betrügerischer Angebote entdeckt. So gaukeln Anbieter zum Beispiel ein Zinsangebot einer ausländischen Bank vor und schicken unter deren Namen einen Vertrag. Tatsächlich weiß das betreffende Institut gar nichts von diesem Vermittler. Das an das angebliche Konto der Bank überwiesene Geld kommt dort nie an. Ein Totalverlust ist oft die Folge, zumal die Täter ihre Spuren im Netz schnell verwischen.

Dubiose Zinsportale

Tatsächlich sprießen dubiose Zinsportale wie Pilze aus dem Boden. Sparerinnen und Sparer auf der Suche nach den besten

So prüfen Sie die Seriosität

Sollten sie ein verlockendes Angebot entdeckt haben, das nicht bei uns unter test.de/tagesgeld oder test.de/festgeld gelistet ist, hat Finanztest einige Punkte zusammengestellt, die Sie beachten sollten, um auf Nummer sicher zu gehen:

→ **Partner kontaktieren:** Rufen Sie bei den angegebenen Partnerbanken an. Fragen Sie nach, ob es tatsächlich eine Kooperation gibt.

→ **Angebote vergleichen:** Sind die Konditionen deutlich besser als marktüblich, ist Vorsicht geboten. Warum dahinter fast immer Abzocke steht, beleuchten wir in unserem Special „Datenhandel auf Finanzportalen" auf test.de.

→ **Angaben überprüfen:** Suchen Sie zunächst die im Impressum genannte Anschrift im Netz; sollte dieselbe Adresse auch als Co-Workingspace vermarktet werden, ist das Angebot höchstwahrscheinlich unseriös – so wie bei zinsen123.com oder Acadian Investment. Suchen Sie dann im Internet nach der angegebenen Firma. Meist finden sich Einträge zum Geschäftszweck und zur Anmeldung. Bei zinsen123.com wird die Finanz Team Schweiz GmbH aus der Schweiz genannt. Dort existiert diese Firma nicht, stattdessen eine AG. Steht keine Firma im Impressum wie etwa bei Spar-Anlagen.com: Finger weg! Suchen Sie zudem auf der Anbieterseite nach zuständigen Personen und prüfen Sie, ob diese auch wirklich existieren.

→ **Domain checken:** Wird – wie in unserem Beispiel zinsen123.com – keine deutsche Domain (endet auf „de") verwendet, deutet das auf eine schnell aufgesetzte Seite hin. Vorsicht auch bei auffälligen Endungen wie „xyz" oder „io" oder ähnlichen. Suchen Sie nach einer Seite zum „Domain-Check" oder „Whois" und geben Sie den Namen der Seite ein, die Sie interessiert, um deren Alter zu prüfen. Zinsen123.com wurde im April 2023 angemeldet. Auf der Seite des Anbieters heißt es aber, die Firma existiere seit acht Jahren und betreue 19 570 Kunden sowie „über 107 Millionen Euro".

→ **Sprache beachten:** Finden Sie viele Rechtschreib- oder Grammatikfehler auf einer Seite, ist das ein deutliches Warnsignal, das für mangelnde Seriosität spricht. Beispiele zeigt unsere Meldung „Zweifelhafte Zinsangebote" auf test.de.

→ **Firma einordnen:** Suchen Sie im Internet nach Bewertungen und Erfahrungsberichten. Oft warnen Anwälte früh wegen Beschwerden vor dubiosen Firmen. Prüfen Sie etwaige Gütesiegel genau und lassen Sie sich nicht von gekauften Bewertungen oder gefälschten Siegeln täuschen.

→ **Unseriöse Angebote erkennen:** Unsere Warnliste Geldanlage listet alle Unternehmen, Geldanlageangebote und Dienstleistungen auf, die die Stiftung Warentest in den vergangenen zwei Jahren negativ bewertet hat. Die Liste lässt sich kostenlos als PDF herunterladen. Sie umfasst mehrere Seiten und wird in der Regel einmal im Monat aktualisiert. Kommen keine weiteren Vorfälle hinzu, löschen wir den jeweiligen Eintrag nach Ablauf von zwei Jahren. Ältere Einträge, die ohne Folgeberichterstattung blieben, sind ab dann nicht mehr auf der Warnliste zu finden.

Das klingt nach viel Aufwand? Ist es auch – für einen halben Prozentpunkt mehr Zinsen, der unter Umständen sogar nur in der aufgehübschten Beispielrechnung existiert. Als Anfänger ist es oft schwer, eine gut gemachte Fake-Bankenwebseite von einer echten zu unterscheiden. Auf Nummer sicher gehen Sie, wenn Sie nur Angebote von test.de nutzen. Hohe Gewinnversprechungen – das lässt sich durchaus so pauschal sagen – sind immer unseriös und haben einen dicken versteckten Haken.

Wenn sich Staaten Geld leihen

Es gibt noch eine weitere Möglichkeit, den Sicherheitsbaustein zu befüllen. Vielleicht haben Sie schon einmal von Staatsanleihen gehört.

Auch Staaten finanzieren einen Teil Ihrer Investitionen und Ausgaben über Schulden: Staatsschulden. Dafür geben sie Anleihen heraus.

In Deutschland gibt es Bundeswertpapiere in verschiedenen Formen. Die Laufzeit variiert von solchen mit 12 Monaten Laufzeit bis zu solchen mit 30 Jahren. Für an Nachhaltigkeit interessierte Anlegerinnen und Anleger werden auch grüne Bundeswertpapiere ausgegeben. Staatsanleihen werden fest verzinst. Insofern sind sie eine sichere Geldanlage.

Vorläufiger Verkauf möglich – mit Risiko

Unabhängig von der Laufzeit können Sie Staatsanleihen auch schon vor Ablauf der Laufzeit verkaufen. Aber Achtung, es gibt eine Einschränkung: Die Anleihen werden bis zur Fälligkeit an der Börse gehandelt. Der Kurs einer Anleihe schwankt während der Laufzeit je nach Entwicklung der Marktzinsen. Die gesicherte Verzinsung erhalten Anlegerinnen und Anleger nur, wenn sie ihre Anleihen bis zum letzten Tag der Laufzeit halten.

Bei einem vorzeitigen Verkauf kann ein Wertverlust eintreten – aber natürlich auch ein Gewinn. Vorhersagen lässt sich das nicht. Nur der Wert am Ende der Laufzeit ist fix. In den letzten Jahren sank durch die Zinswende vor allem der Wert langfristiger Papiere stark.

Lange Laufzeiten – sicher, aber unflexibel

Eine große Ungewissheit sind längere Laufzeiten. Eigentlich sollte die Verzinsung besser sein, je länger Sie dem Staat Ihr Geld leihen. Durch die aktuelle Zinswende ist das derzeit jedoch ins Gegenteil verkehrt. Hätte jemand 2017 eine Staatsanleihe mit zehn Jahren Laufzeit gekauft, säße er noch bis 2027 auf dieser Anleihe mit dem sehr geringen Zinsniveau aus dieser Zeit. In der Zwischenzeit bekäme er selbst für einjährige Anleihen bessere Konditionen.

Ein vorzeitiger Verkauf ist dennoch nicht ratsam, da die Anleihe, wie bereits erwähnt, zwischenzeitlich an der Börse gehandelt wird und dort stark an Wert verloren hat – kaum jemand will sie haben. Zum Laufzeitende erhalten Sie zumindest die garantierte Verzinsung.

Fazit

Das klingt Ihnen zu kompliziert und vielleicht auch zu risikoreich? Das ist legitim – und kein Problem. Der Sicherheitsbaustein ist auch bestens aufgestellt mit den leichter zu verstehenden Angeboten von Tages- und Festgeld.

Lassen Sie Ihr Geld arbeiten

Sicherheit ist wichtig, aber für den Vermögensaufbau benötigen Sie höhere durchschnittliche Renditen. Die sind mit Tages- und Festgeld nicht zu erreichen. Erst mit einem Aktienanteil wird die Geldanlage langfristig zum Erfolg.

Für Einsteigerinnen und Einsteiger eignen sich Indexfonds, auch ETF genannt, weil sie pflegeleicht sind und das Risiko weit streuen. Wie Sie ein Depot eröffnen und einen passenden ETF finden, darum geht es im dritten und letzten Schritt.

Kaufen Sie den Heuhaufen!

Sie müssen sich weder mit einzelnen Aktien noch mit Marktdaten beschäftigen. In einem breit gestreuten ETF steckt alles, was Sie brauchen.

Vor 30 Jahren wurde Amazon gerade gegründet, Apple steckte in der Krise und Google gab es noch gar nicht. Natürlich, hätten Sie frühzeitig in diese Unternehmen investiert, hätten Sie heute längst ausgesorgt. Niemand kann jedoch die Zukunft vorhersehen. Ein Investment wäre aus damaliger Sicht hochriskant gewesen und konkurrierende Unternehmen – die es heute zum Teil gar nicht mehr gibt – standen 1994 deutlich besser da. Damals wie heute gilt: Einzelne, vielversprechende Unternehmen zu finden bedeutet eine unglaubliche Mühe – und kann genauso gut schiefgehen.

Eines ist jedoch unbestritten: Die Weltwirtschaft ist in den vergangenen 30 Jahren stetig gewachsen – trotz aller Krisen und Dämpfer. Wenn man doch einfach einen Anteil an der Weltwirtschaft kaufen könnte?

Ein Fonds – viele Einzelaktien

Dumm nur, dass es für einzelne Anlegerinnen und Anleger viel zu teuer wäre, Aktien eines jeden Unternehmens auf der Welt zu erwerben. Deshalb haben Finanzunternehmen das Konstrukt „Fonds" entwickelt: Ein Korb, der von einem Fondsmanager gefüllt wird. Darin können Aktien liegen, Anleihen, aber auch ganz andere Wertpapiere sowie Immobilienbesitz. Fondsmanager setzen das Fondsvermögen in der Regel auf viele Karten und verteilen damit das Risiko.

Angenommen, ein Aktienfonds hat Anteile an zehn Unternehmen. Eine Anlegerin erwirbt an einem Stichtag für 100 Euro einen einzelnen Fondsanteil. Ein Jahr später sind die Aktienkurse einiger Unternehmen gefallen, die Kurse anderer sind jedoch gestiegen. Im Durchschnitt legte der Fonds 10 Prozent zu. Damit beträgt der Wert des einzelnen Fondsanteils nun 110 Euro. Ohne die Unternehmen eingehend studiert zu haben, hat die Anlegerin mit dem Kauf eines einzelnen Fondsanteils von der Wertsteigerung profitiert und ein Plus von 10 Prozent gemacht. Aber natürlich kann es auch sein, dass der Fondsmanager auf die falschen Unternehmen gesetzt hat und sein Fonds – und damit auch die Anlegerin – einen Wertverlust erleidet.

Konventionelle Aktienfonds werden aktiv gemanagt, sie sind aktive Fonds. Fondsmanager, also die Experten der jeweiligen Fondsgesellschaft, suchen gezielt Aktien für ihren Korb heraus. So versuchen sie besser abzuschneiden als der Gesamtmarkt. Das aktive Management lassen sie sich vom Anleger vergüten. Kosten von jährlich zwei Prozent des investierten Vermögens sind üblich. Um eine gute Rendite zu erzielen, muss der Fonds also erst einmal diese Gebühren hereinholen und dann zusätzlich eine deutliche Wertsteigerung erreichen. Zusätzlich bietet die Fondsgesellschaft beim Verkauf eines Anteils weniger Geld als beim Einkauf und macht dadurch eine Marge.

Aktienfonds haben meist viele verschiedene Werte in ihren Portfolios, um das Risiko möglichst weit zu streuen. Es können Tausende Unternehmen sein, in die sie investieren. Dabei ist die Welt der Fonds vielfältig. Manche setzen nur auf große Industriekonzerne, manche auf Unternehmen, die mit erneuerbaren Energien Geld verdienen, andere wiederum auf Aktien aus Schwellenländern oder auf Rohstoffe aus aller Welt. Als Anlegerin oder Anleger haben Sie hier eine schier unerschöpfliche Auswahl.

ETF – die speziellen Fonds

Das Kürzel ETF elektrisiert immer mehr Anlegerinnen und Anleger. „Exchange-traded Funds" bedeutet dabei übersetzt lediglich, dass die Fonds an der Börse gehandelt werden. Innerhalb der letzten zehn Jahre verfünffachte sich das in ETF angelegte Vermögen, wie das Finanzunternehmen Morningstar ermittelte. Der wichtigste Grund für den Boom ist schnell erklärt: ETF sind im Vergleich zu anderen Fonds deutlich kostengünstiger und leicht zu verstehen.

ETF sind sogenannte passive Fonds. Sie sind also ebenfalls ein Korb voller Unternehmensaktien – nur dass kein Fondsmanager vorgeschaltet ist. Die Fondsgesellschaften orientieren sich an einem Index, etwa dem Dax oder dem MSCI World, und legen dieselben Aktien in derselben Gewichtung in ihren Korb, wie es der Index vorgibt.

Der Wert eines ETF, der einen Index abbildet, entwickelt sich analog zum Index – ohne dass ein Fondsmanagement eingreifen muss. So bleiben die Kosten niedrig. Sie liegen mitunter bei nur einem Zehntel der Kosten eines aktiv gemanagten Fonds. Entsprechend hoch kann, zumindest auf lange Sicht, die Rendite eines ETF sein – denn er muss nicht erst hohe laufende Kosten einspielen. Mehr denn je gilt hier das Zitat des „Erfinders" der ETF, John Bogles: „Suchen Sie nicht die Nadel, kaufen Sie den Heuhaufen!"

Am meisten Geld fließt hierzulande in ETF auf den Weltaktienindex MSCI World, gefolgt von ETF auf den Dax, den Euro Stoxx 50 und den US-Index S&P 500. Ein Welt-ETF weist dabei die höchste Streuung auf und senkt so das Risiko enorm. Daher empfehlen wir ihn als Basis-ETF.

Neben dem dem MSCI World oder dem Dax gibt es aber noch viele weitere Indizes, sodass Anlegerinnen und Anleger ihre eigenen Schwerpunkte setzen können: zum Beispiel auf einzelne Regionen oder Branchen.

Auch die Anzahl verfügbarer ETF steigt rasant. Gab es Anfang 2010 nur rd. 700 ETF in Deutschland, zählte Anfang 2023 allein der größte deutsche Handelsplatz, die Frankfurter Börse, rund 2000 verschiedene ETF – in allen erdenklichen Länder- und Branchenmischungen.

Der Grund: Verschiedenste Anbieter können ETF auf einen Index wie den MSCI World auflegen und anbieten. Letztlich ähneln sich alle ETF auf den jeweiligen Index. Von dieser Vielfalt brauchen Sie sich also nicht verwirren zu lassen. Wichtig ist lediglich, dass der jeweilige ETF von uns in der Fondsdatenbank das Label „1. Wahl" verliehen bekommen hat. Falls Sie es doch ganz genau wissen wollen, steht Ihnen unsere Finanztest-Fondsdatenbank zur Verfügung: Über 2500 ETF haben wir gelistet, die meisten davon bewertet. Wie Sie unseren Fondsfinder benutzen, erfahren sie im Kapitel „Einen passenden ETF finden" ab Seite 81.

MSCI World – keine große Qual der Wahl

Als Renditebaustein für Ihr Pantoffel-Portfolio empfiehlt Finanztest einen ETF auf den Weltaktienindex MSCI World. Dieser Korb umfasst rund 1500 Unternehmen aus 23 Industrieländern. Die große Streuung des Risikos lässt Sie ruhig schlafen, auch wenn es an den Börsen einmal turbulenter zugeht.

Nach unseren Berechnungen erzielte der Weltaktienmarkt über den Zeitraum der ver-

Der MSCI World im Detail

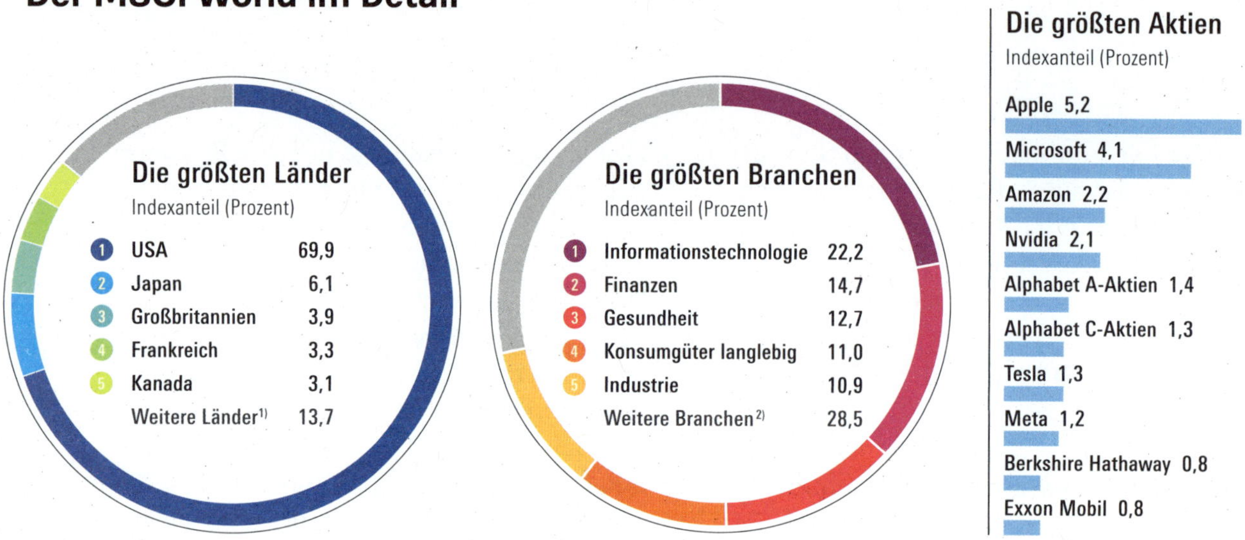

1) **Alphabetisch geordnet:** Australien, Belgien, Dänemark, Deutschland, Finnland, Hongkong, Irland, Israel, Italien, Neuseeland, Niederlande, Norwegen, Österreich, Portugal, Schweden, Schweiz, Singapur, Spanien.
2) Konsumgüter Basis, Rohstoffe / Material, Versorger, Kommunikation, Energie, Immobilien.

Quelle: MSCI
Stand: 31. August 2023

Der MSCI World ist die gebräuchlichste Messlatte für den Anlageerfolg professioneller Investoren und Vermögensverwalter. Der Index enthält ausschließlich Unternehmen aus Industrieländern. Die Anzahl seiner Mitglieder ist nicht konstant, die Größenordnung liegt aber in der Regel bei 1500 bis 1600 Aktien, die aktuell aus 23 Ländern stammen.

gangenen 20 Jahre eine durchschnittliche Rendite von 9,0 Prozent. Im schlechtesten Jahr sackte der Markt um minus 37,2 Prozent ab – das war die Finanzkrise 2008. Im Jahr des Crashs durch die Corona-Pandemie, 2020, erholten sich die Kurse schnell und konnten am Schluss noch eine Jahresrendite von 6,9 Prozent vorweisen. Im darauffolgenden Jahr gelang dem Weltaktienmarkt dann ein neuer Rekord mit einer Jahresdurchschnittsrendite von 30,8 Prozent.

MSCI World SRI – die nachhaltige Variante

Falls Sie Ihr Geld lieber nachhaltig investieren wollen, gibt es in der Indexfamilie des MSCI World auch nachhaltige Indizes, zum Beispiel den MSCI World SRI. Das Kürzel steht für soziale Verantwortung (Socially Responsible Investment). In diesem Index sind zwar nicht so viele Unternehmen vertreten wie im großen Bruder. Doch das Prinzip ist dasselbe. Der Aktienkorb ist weltweit gestreut – nur wird bei diesem speziellen Index darauf geachtet, dass in der grünen Variante nur Unternehmen vertreten sind, die bestimmte Nachhaltigkeitskriterien erfüllen. Diese sind allerdings nicht sehr streng. Bei manchen Unternehmen wie dem Elektroautohersteller Tesla, der im Index stark vertreten ist, lässt sich darüber streiten, ob das Unternehmen ökologisch und sozial verantwortlich handelt.

Sind Sie mit den vorhandenen Defiziten bei der Nachhaltigkeitseinstufung der ETF nicht einverstanden und legen auf eine strenge Auslegung des Begriffs Wert, kommt alternativ ein guter nachhaltiger (aktiv gemanagter) Aktienfonds infrage. Dazu erfahren Sie mehr ab Seite 87.

Einmalanlage, Stückelung oder Sparplan

Eine bestehende Summe können Sie auf einen Schlag investieren oder stückeln. Stehen Sie hingegen noch ganz am Anfang, bietet ein Sparplan viele Vorteile.

Mit dem Pantoffel-Portfolio ist alles möglich Ob Sie eine bestehende Summe als Einmalanlage – auf einen Schlag oder in mehreren Tranchen – investieren möchten oder ob Sie bei Null beginnen und sich über einen monatlichen Sparplan langsam ein Vermögen aufbauen wollen.

Alles auf einmal anlegen

Wer ein bestehendes Vermögen hat und dieses auf einen Schlag anlegt, profitiert ab dem ersten Tag vom vollen Zinseszinseffekt.

Je nachdem, für welches Risikoprofil Sie sich entschieden haben (siehe Seite 50), verteilen Sie das Geld auf einen Sicherheits- und einen Renditebaustein. Wünschen Sie sich beispielsweise ein ausgewogenes Portfolio und möchten 10 000 Euro anlegen, überweisen Sie 5000 Euro auf ein Tagesgeldkonto und kaufen für die weiteren 5000 Euro einen Welt-ETF.

Doch die einmalige Geldanlage am Börsenmarkt birgt eine Unsicherheit – bei Einzelaktien noch viel mehr als bei ETF. Niemand kennt den besten Zeitpunkt, um am Aktienmarkt einzusteigen – auch nicht die in den Medien gern zitierten Finanzgurus.

Für die Entwicklung des Börsengeschehens spielen zu viele Faktoren eine Rolle, als dass sichere Prognosen erstellt werden könnten. Unerwartete Naturkatastrophen oder politische Krisen können sich auf das Kursgeschehen auswirken. Die auf Dauer wichtigste Rolle spielt die Entwicklung der Wirtschaft. Steigen die Gewinne der Börsenunternehmen, geht es auch mit ihren Kursen in der Regel bergauf. Läuft die Wirtschaft schlecht, kann es schnell abwärts gehen. Auch die Zinspolitik der Notenbanken beeinflusst die Wertentwicklung.

Es könnte also sein, dass Sie mit Ihrem Einstieg gerade den denkbar ungünstigsten Zeitpunkt erwischen. Ein Glücksspiel ist die einmalige Geldanlage trotzdem nicht. Auf lange Sicht hat unsere Anlagestrategie des Pantoffel-Portfolios auch bei Einmalanlagen stets eine solide Rendite erzielt. Zwischenzeitlich konnte es allerdings schon mal deutlich nach unten gehen, wie die Grafik auf Seite 72 zeigt.

Was ist ein Verrechnungskonto?

So wie ein Wertpapier – also eine Aktie oder ein ETF – nicht in einem Girokonto liegen kann, so kann umgekehrt in einem Depot auch kein reines Geldvermögen lagern. Deswegen ist an ein Depot ein Verrechnungskonto angeschlossen. Hierauf werden alle Käufe oder Verkäufe verrechnet. Von dort können Sie jederzeit vorhandene Beträge, etwa nach einem Verkauf, wieder auf Ihr Girokonto überweisen. Umgekehrt muss der nötige Betrag für einen Wertpapierkauf zuvor zunächst auf dem Verrechnungskonto liegen. Bei einigen Depotanbietern können Sie den Sparplan direkt von Ihrem Girokonto abbuchen lassen. Ein Verrechnungskonto existiert aber auch in diesem Fall.

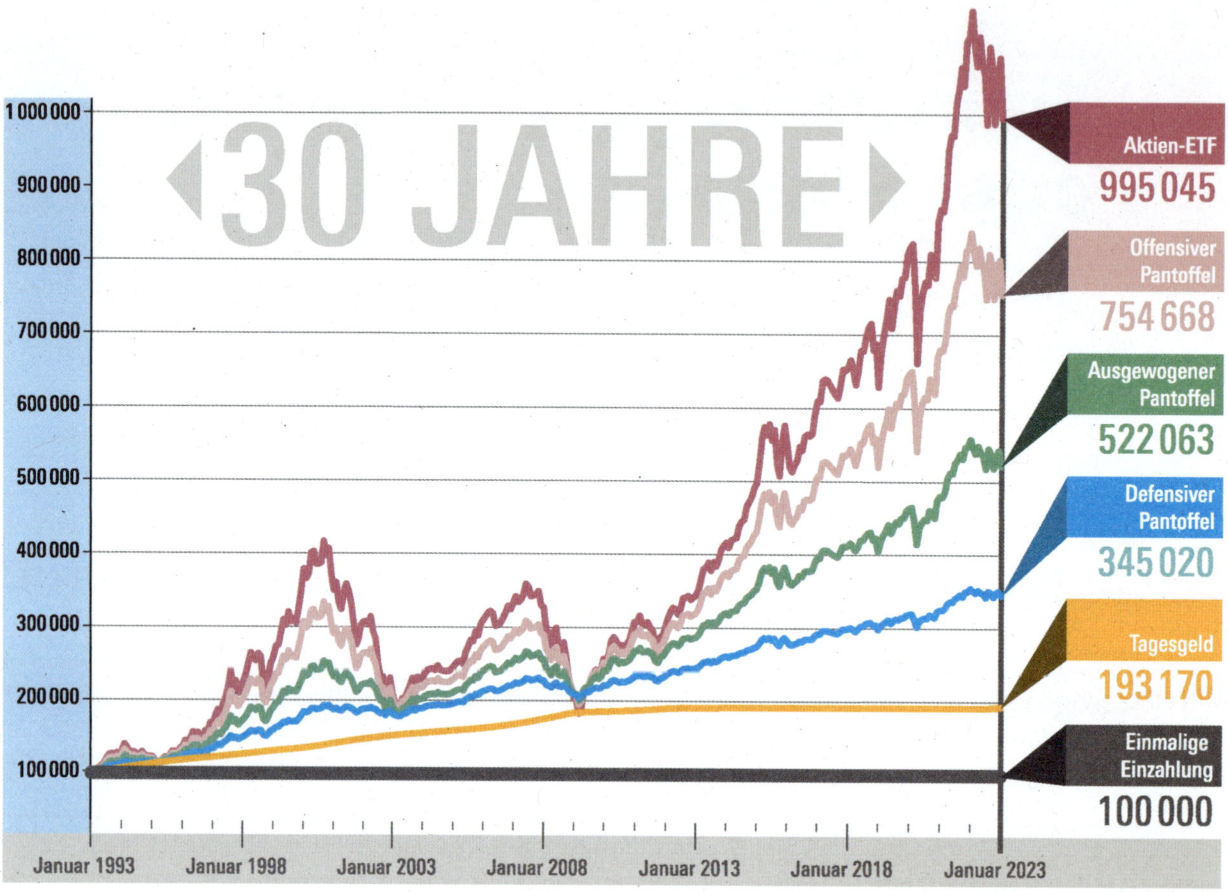

Einmalanlage 100 000 Euro: Die Pantoffel-Strategie funktioniert mit Einmalanlagen. Nur ab und zu sollte, falls nötig, das Geld umgeschichtet werden, damit das gewählte Verhältnis nach Risikoprofil bestehen bleibt. Je höher der Aktienanteil, desto schwankungsanfälliger wird es.

Einmalanlage: In Teilbeträgen

Wenn Ihnen die Entscheidung für eine Einmalanlage wegen dieser Unsicherheiten schwerfällt, können Sie größere Beträge auch in mehreren Teilbeträgen investieren, zum Beispiel über vier Quartale oder vier Jahre verteilt. Damit sinkt das Risiko, ausgerechnet zum schlechtesten Zeitpunkt einzusteigen.

Finanztest hat diese Strategie einmal untersucht. Heraus kam, dass Anlegerinnen und Anleger den Markteinstieg nicht zu lange strecken sollten. Je länger der Zeitraum ist, über den eine eigentlich bereits vorhandene Summe Stück für Stück angelegt wird, desto geringer ist die Wahrscheinlichkeit, dass Sie damit besser abschneiden als in der Alles-auf-einmal-Variante. Die Wahrscheinlichkeit, besser abzuschneiden als mit einer Einmalanlage, sinkt von 40 Prozent bei einem schrittweisen Einstieg über zwei Monate auf 27 Prozent bei einem Einstieg über 24 Monate.

Das hat zweierlei Gründe: Zum einen kracht es natürlich hin und wieder an den Börsen. Sie könnten ganz großes Pech haben und genau auf dem Höhepunkt, kurz vor einer Krise investieren – und müssten dann mehrere Jahre warten, bis Ihre ETF-Anteile überhaupt erst wieder ihren Ausgangswert erreicht hätten. Aber solche Krisen sind vergleichsweise selten – und die Chance, dass Sie diesen ungünstigsten aller Zeitpunkte genau treffen, ist relativ unwahrscheinlich.

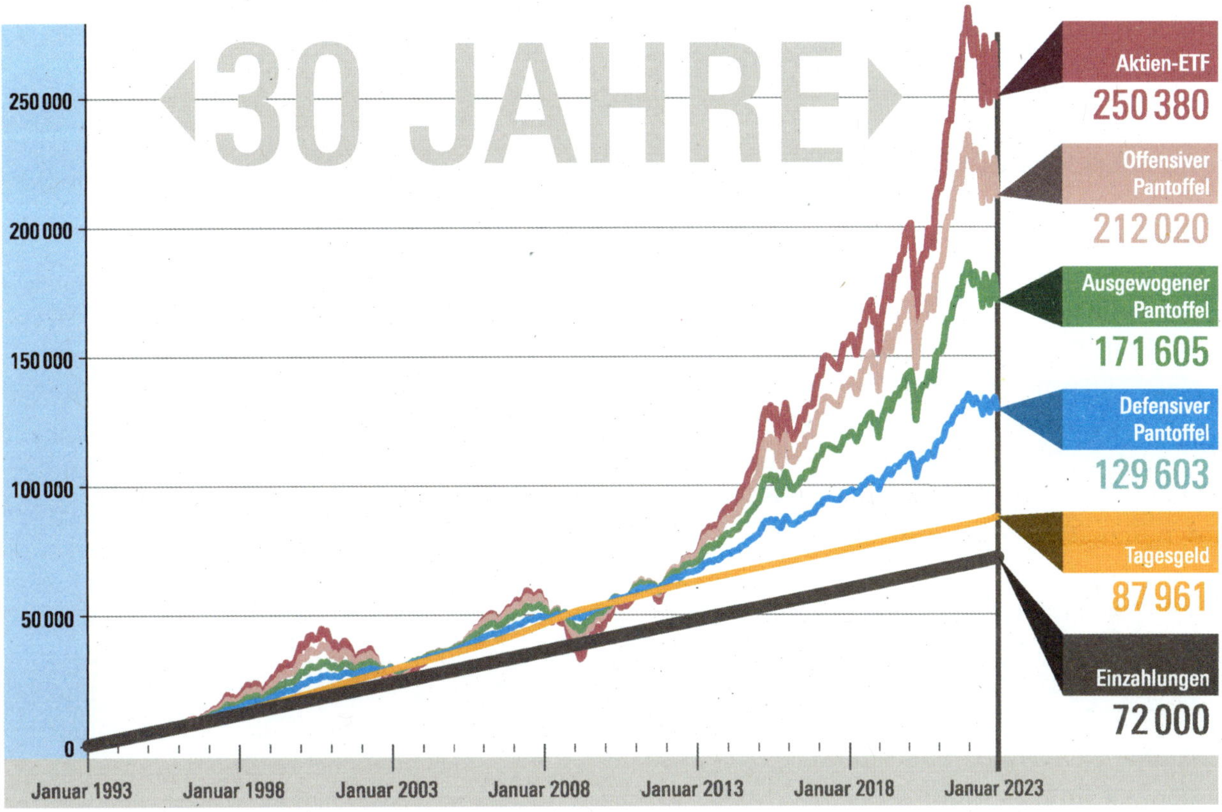

Sparplan 200 Euro / Monat: Mit langem Anlagehorizont können Sie Krisen an der Börse ganz gelassen aussitzen. Zwar schnitt eine Investition in Aktien-ETF noch besser ab als der offensive Pantoffel, doch in schlechten Zeiten war der Verlust auch deutlich größer. Das Tagesgeld bringt die Sicherheit.

Zum anderen arbeitet das bereits im Pantoffel-Portfolio angelegte Geld bereits für Sie und erwirtschaftet Rendite: Zins und Zinseszins im Sicherheitsbaustein durch Tages- oder Festgeld sowie Kursgewinne und gegebenenfalls Dividendenzahlungen im Renditebaustein durch ETF.

Der nicht investierte Teil liegt hingegen tatenlos auf Ihrem Girokonto herum. Dort gibt es keine Zinsen – schlimmer noch: Ihr Geld verliert langsam, aber sicher an Kaufkraft. Daher sollten Sie den verbleibenden Teil Ihres Vermögens in der Zwischenzeit zumindest auf einem Tagesgeldkonto mit guten Konditionen parken, wodurch Sie auch darauf Zinsen erhalten.

Fazit zur Einmalanlage

Letztlich bleibt es natürlich Ihnen überlassen, für welche Variante Sie sich bei der Einmalanlage entscheiden. Wichtig ist, dass Sie sich mit Ihrer Entscheidung wohlfühlen. Länger als zwei Jahre sollten aber auch vorsichtige Anlegerinnen und Anleger ihren Einstieg nicht ausdehnen. Unsere Wahrscheinlichkeitsberechnung bestätigt damit den Rat der Börsenlegende Peter Lynch: „Time in the market beats timing the market" – zu Deutsch: Wer über eine längere Zeit im Markt investiert ist, schneidet besser ab als derjenige, der versucht, den besten Zeitpunkt zu erwischen.

SCHRITT FÜR SCHRITT

In 5 Schritten zum Sparplan

1 **Entscheiden Sie sich** für einen der drei Risikotypen: defensiv, ausgewogen oder offensiv. Im folgenden Beispiel wird ein ausgewogenes Pantoffel-Portfolio bespart.

2 **Richten Sie zwei Daueraufträge ein:** Die eine Hälfte Ihrer Sparsumme fließt monatlich auf das Tages- oder Festgeldkonto für den Sicherheitsbaustein. Die andere Hälfte überweisen Sie auf das Verrechnungskonto Ihres Depotanbieters für den Renditebaustein.

3 **Wählen Sie aus der Fondsdatenbank** von Finanztest unter test.de/fonds den für Sie passenden ETF aus. Wollen Sie beispielsweise einen Welt-ETF auf den MSCI World, sind alle ETF mit dem Label „1. Wahl" empfehlenswert. Sie haben nur geringe Unterschiede.

4 **Beim Depotanbieter suchen Sie** den gewünschten ETF per Isin. Prüfen Sie, ob er bei Ihrem Broker sparplanfähig ist – und vielleicht sogar kostenlos bespart werden kann. Sollte er etwas kosten, achten Sie auf die Gebühren und ob Sie im Verhältnis zu Ihrer Sparsumme im Rahmen sind.

5 **Wählen Sie das Sparplanintervall** (etwa 14-tägig, monatlich, halbjährlich) und schließen Sie die Einrichtung ab. Am jeweiligen Ausführungstag muss der Sparbetrag auf dem Verrechnungskonto verfügbar sein.

Sparpläne – einfach und flexibel

Sie starten nicht mit einer bestehenden Summe, sondern wollen ab jetzt ein Vermögen aufbauen? Dafür eignet sich am besten ein regelmäßiger Sparplan. Damit können Sie in selbst festgelegten Intervallen (etwa monatlich) genau das sparen, was Sie in Ihrer Berechnung der Einnahmen und Ausgaben als Ihr Budget identifiziert haben (siehe Seite 21).

Dazu richten Sie zwei Daueraufträge ein. Haben Sie etwa eine monatlichen Sparrate von 50 Euro für sich ausgerechnet, zahlen sie beim ausgewogenen Pantoffel-Portfolio demzufolge 25 Euro auf das Tagesgeldkonto ein, weitere 25 Euro gehen für den Kauf von ETF-Anteilen an Ihr Depot beziehungsweise Ihr Verrechnungskonto.

Achten Sie bei Sparplänen auf die Kostenstruktur Ihres Depotanbieters beziehungsweise Ihres Brokers. Einige bieten kostenlose Sparpläne an, andere verlangen einen geringen Aufschlag. Das fällt besonders bei kleineren monatlichen Sparsummen ins Gewicht. Wenn Sie von monatlich 25 Euro noch zwei Euro – oder auch, bei anderen Anbietern, 2 Prozent – an die Bank abdrücken müssen, nagt das auf Dauer deutlich an Ihrer Rendite.

Der Durchschnittskosteneffekt

Sparpläne haben einen weiteren Vorteil. Da Sie hierüber jeden Monat Fondsanteile erwerben, erhalten Sie je nach Wertentwicklung des ETF mal mehr, mal weniger Anteile für den gleichen Betrag. Bei auf lange Sicht steigenden Kursen erhöht sich die Rendite, weil Sie einen Teil Ihrer Anteile zu tieferen Kursen gekauft haben. Dies wird Cost-Average-Effekt oder auch Durchschnittskosteneffekt genannt.

Auch wenn der Kurs Ihres ETF über die Jahre und Jahrzehnte in immer neue, erfreuliche Höhen steigt, haben Sie stets auch in den Schwäche- und Crashphasen regelmäßig gekauft. Diese Beständigkeit wird mit einem gemittelten Kaufpreis belohnt, der deutlich unter dem aktuellen Wert des ETF-Anteils liegt.

Verschiedene Arten von Depotanbietern

Sie können Ihr Depot einfach bei Ihrer Hausbank einrichten. Doch neben Ihrer Filial- oder Genossenschaftsbank gibt es noch weitere Anbieter mit anderen Ansätzen.

Bei der Auswahl Ihrer Depotbank sollten Sie auf die Kosten achten, aber auch auf andere Dinge wie die minimale monatlich zugelassene Sparplansumme, die Größe des Sparplanangebots für ETF und inwieweit Sie ein Beratungsangebot in Anspruch nehmen wollen. Hier gibt es immense Unterschiede.

Finanztest untersucht regelmäßig Anbieter

Finanztest untersucht regelmäßig Banken und Broker und stellt Ihnen die neuesten Ergebnisse online zur Verfügung unter test.de/depot und test.de/wertpapierdepots.

Zwischen April und September 2023 haben wir 10 bundesweite Filialbanken, 15 regionale Angebote von Sparkassen und Genossenschaftsbanken, 13 Direktbanken und 15 Wertpapierdepots von Online- und Neobrokern untersucht. Grundlegende Voraussetzung für die Aufnahme in die Untersuchung ist unter anderem ein Verrechnungskonto, das der gesetzlichen Einlagensicherung unterliegt. Ganz zielgenau werden Ihnen je nach Anlegertyp die passenden Depots gezeigt, wir erklären, wie die Preismodelle funktionieren und bei welchen Banken Sie ETF-Sparpläne abschließen können. Unsere drei Modelldepots (das kleine Depot im Umfang von 12 000 Euro, das mittelgroße Depot mit einem Volumen von 50 000 Euro und das große Depot mit 150 000 Euro) ermöglichen Ihnen schon vorab eine grobe Orientierung. Sollten Sie mit den gemachten Angaben nicht zurechtkommen, können Sie über unseren interaktiven Rechner selbst herausfinden, welche Anbieter für Ihre individuellen Ansprüche am günstigsten sind. Gut zu wissen: Sollten Sie mit Ihrem Depot die Bank einmal wechseln wollen, können Sie das jederzeit tun – und zwar kostenfrei, wie der Bundesgerichtshof (BGH) entschieden hat.

Filialbanken – die Klassiker

Bei den bundesweiten und den regionalen Filialbanken sind Depotführung und Wertpapierkäufe und -verkäufe meist deutlich teurer als bei Direktbanken. Dafür sind hier

Was ist ein Depot?

Ein Depot ist ein einfaches Lager. Das Depot bei einer Bank dient allein der Aufbewahrung von Wertpapieren. Sie können Aktien oder Fondsanteile nicht in Ihrem Girokonto lagern. Dort befindet sich nur Geldvermögen. Um also mit ETF ein Vermögen aufzubauen, benötigen Sie ein Depot bei einer Bank. Während Sie auf einem Konto heute wie auch in einer Woche beispielsweise 1000 Euro zu liegen haben, schwankt der Wert in Ihrem Depot. Er fällt und steigt mit den Entwicklungen an der Börse. Wie Sie ein Depot eröffnen und worauf Sie dabei achten sollten, erfahren Sie ab Seite 78.

Was bedeutet Sondervermögen?

Auch Banken oder Neobroker könnten pleitegehen. Doch keine Sorge, denn die Werte in Ihrem Depot sind trotzdem sicher: Aktien, Investmentfonds, ETF und andere Wertpapiere gelten juristisch als Sondervermögen. Dadurch sind sie bei einer Insolvenz vor dem Zugriff durch Gläubiger des Pleiteunternehmens oder eines Insolvenzverwalters geschützt. Auch die Investmentgesellschaft selbst, die zum Beispiel einen Fonds anbietet, kann auf Ihr Wertpapiervermögen nicht zugreifen.

Wertpapiergeschäfte mit Beratung möglich. Wer sich mit der Zusammenstellung eines vernünftigen Depots überfordert fühlt und die Ratschläge einer Beraterin oder eines Beraters nicht missen möchte, muss wohl oder übel die höheren Spesen für den Filialkauf akzeptieren. Wenn die Beratung kompetent und fair, also ohne provisionsmotivierte Hintergedanken erfolgt, kann das sinnvoll sein. Es gibt aber auch günstige Angebote. Unabhängig davon können viele Filialbankkunden sparen, wenn sie die Onlinedepots ihrer Bank nutzen und bestimmte Wertpapierkäufe und -verkäufe am PC selbst ausführen. Unter den Filialbanken ist die Santander Consumer Bank am preiswertesten.

Direktbanken – eine gute Alternative

Direktbanken bieten ihre Dienstleistungen nur online an. Dafür sind sie in der Regel auch preisgünstiger als Filialbanken. Von den fehlenden Filialen abgesehen, bieten Direktbanken aber das „volle Sortiment" an: mehrere deutsche und internationale Handelsplätze, sparplanfähige ETF und ein zumindest telefonisch erreichbarer Kundenservice, gepaart mit deutlich geringeren Gebühren. Sie sind damit eine gute Mischung, das beste aus beiden Welten. Das günstigste Gesamtpaket unter den getesteten Direkt- und Filialbanken bietet Smartbroker+, wobei dieser Anbieter im Test der Benutzerfreundlichkeit nur auf ein befriedigendes Urteil kommt. Attraktive Konditionen finden Sie auch bei der Onvista Bank und Flatex.

Neobroker – die günstigen Newcomer im Geschäft

Neobroker bieten ein durch die Digitalisierung möglich gewordenes neues Geschäftsmodell. Anleger können bei ihnen leicht und kostengünstig ein Depot eröffnen und Wertpapiere handeln. Das geht in der Regel unkompliziert per App vom Smartphone aus. Allerdings arbeiten die Neobroker nicht mit den größten Handelsplätzen wie der Frankfurter Börse zusammen, sondern mit kleineren Börsen oder außerbörslichen Handelsplätzen. Letzteres hat den Vorteil, dass Sie zwar zu ungewöhnlich frühen oder späten Zeiten kaufen und verkaufen können – dann aber zu mitunter schlechteren Kursen als während der Haupthandelszeiten.

Bei Sparplänen fällt das aber nicht ins Gewicht. Einige Anbieter wie Scalable Capital oder Trade Republic zahlen für das auf ihrem Verrechnungskonto eingezahlte Geld inzwischen sogar anständige Zinsen, die den Vergleich mit einem Tagesgeldkonto nicht scheuen müssen.

Fazit: Für Einsteiger in den Basis-Pantoffel bieten die sogenannten Neobroker derzeit die günstigste Lösung. Über deren Apps oder teils auch am heimischen PC können Sie dort kostenlos ETF-Sparpläne einrichten und verwalten. Wenn überhaupt Kosten anfallen, sind sie bisher ausgesprochen gering. Kauf und Verkauf gängiger ETF, Aktien und mitunter auch Anleihen sowie die Einrich-

Neobroker: Sehr günstige Alternative

Neobroker sind äußerst attraktiv, wenn man kein „Vollsortiment" braucht, sondern nur auf ETF und bekannte Aktien setzen möchte. Das Verwahren der Wertpapiere ist gratis. Die Orderkosten sind marginal. Alle vier Neobroker bieten ETF-Sparpläne ohne Ausführungskosten an. Details finden Sie unter test.de/neobroker.

Anbietername	Finanzen.net Zero	Justtrade	Scalable Capital	Trade Republic
Internetadresse	finanzen.net/zero	justtrade.com	scalable.capital	traderepublic.com
Depoteröffnung über Videoident / E-Ident / Postident	J / J / J	J / N / N	J / J / J	J / N / N
Depotführende Bank	Baader Bank	Sutor Bank	Baader Bank	Trade Republic Bank
Jährliche Depotführung	0 Euro	0 Euro	0[1] Euro	0 Euro
Anzahl und Namen der börslichen Handelsplätze	1 (Gettex)	3 (LS Exchange, Quotrix, Tradegate Exchange)	2 (Gettex, Xetra)	1 (LS Exchange)
Kosten für eine Order (Euro)	0,00 / 1,00[2]	1	0,00 / 0,99 / 5,49[3]	1

J = Ja. N = Nein. 1) In dem weiteren Depotmodell „Prime Broker" sind in der monatlichen Pauschale von 2,99 Euro unbegrenzt viele Wertpapierorders über die Börse Gettex (ab einem Ordervolumen von 250 Euro) enthalten.
2) Wertpapierorders mit einem Volumen unter 500 Euro kosten 1 Euro, Orders mit höherem Volumen sind kostenlos.
3) Wertpapierorders ab 250 Euro Volumen über Gettex für bestimmte Anbieter von ETF (Ishares, Invesco und Xtrackers) sind kostenlos. Sonstige Orders über die Börse Gettex kosten 0,99 Euro. Orders über Xetra kosten 3,99 Euro zuzüglich 0,01 Prozent des Volumens, mindestens 1,50 Euro. Stand: 30. September 2023

tung von Sparplänen sind unkompliziert und können schnell abgewickelt werden.

Auf Nummer sicher gehen

Bislang sind keine größeren Hackerangriffe auf die Depots von Kleinanlegern bekannt geworden. Doch Vorsicht ist allemal geboten, wenn es um Ihr Geld geht, auch beim Depot. Dazu gehört vor allem der sorgsame Umgang mit Kennwörtern und Geräten. Am besten erledigen Sie Transaktionen nur von eigenen Geräten aus und schützen diese auch mit sicheren Passwörtern.

Eine verbreitete Masche von Kriminellen sind sogenannte Phishing-Mails. Mit diesen gefälschten E-Mails gaukeln die Täter Ihnen eine echte Nachricht Ihrer Bank vor und wollen Ihnen so beispielsweise Ihre Zugangsdaten entlocken. Löschen Sie solche E-Mails ungelesen und unbesorgt: Seriöse Banken würden solche Daten niemals per E-Mail abfragen.

Für Transaktionen empfiehlt sich die Zwei-Faktor-Authentifizierung (2FA). Neben dem Passwort brauchen sie dafür noch eine Tan (Transaktionsnummer) oder ein zweites Gerät (etwa PC und Handy), dass auf Sie registriert wird. Zumindest größere oder wichtige Transaktionen sollten Sie auf diese Weise absichern. Sie können bei Ihrer Depotbank erfragen, welche zweite Authentifizierung neben dem Passwort sie anbietet.

Auswahlkriterien für geeignete Depotanbieter

Ein Depot mit niedrigen Gebühren wirkt sich positiv auf die Rendite aus. Für langfristig orientierte Anlegerinnen und Anleger sind aber noch weitere Kriterien entscheidend.

Reine Depotführungsgebühren werden als besonders lästig empfunden – zahlt man doch hierbei Geld fürs reine Nichtstun. Zum Glück gibt es diesbezüglich immer mehr günstige oder sogar kostenlose Anbieter.

Ein versteckter Posten fällt aber auf Dauer viel stärker ins Gewicht. Wer einen passiven ETF bespart, zahlt dafür äußerst niedrige laufende Kosten. Diese betragen in der Regel nur 0,2 bis 0,3 Prozent pro Jahr, während Sparerinnen und Sparer für aktiv gemanagte Fonds mit vergleichbarem Anlagespektrum in der Regel etwa 1,5 bis 2 Prozent pro Jahr zahlen – mitunter sogar noch deutlich mehr. Grundsätzlich gilt aber auch: Selbst ein ETF-Sparplan mit Kaufkosten von 2 bis 3 Prozent ist eine bessere Alternative, als überhaupt keinen Sparplan abzuschließen.

Mit einem günstigen Wertpapierdepot können Sie oft Hunderte Euro im Jahr sparen. Nachfolgend finden Sie alle wichtigen Kriterien, die Ihnen dabei helfen, den für Sie passenden Depotanbieter zu finden. Noch mehr Details gibt es im Depotvergleich von Finanztest unter test.de/depot. Er umfasst Depots von 38 Filialbanken, Direktbanken und Onlinebrokern.

Die (monatliche) Mindestrate

Eine Mindestrate bezieht sich zumeist auf eine monatliche Mindestanlagesumme bei einem Sparplan. Nehmen wir an, ein ETF-Anteil kostet an einem bestimmten Tag 100 Euro. Wenn Sie den ETF mit einer monatlichen Sparrate von 50 Euro besparen, erhalten Sie dafür an diesem Tag 0,5 Anteile. Bei einzelnen Aktien bieten nur wenige Broker die Option, nur Bruchstücke davon zu kaufen. Daher ist die Mindestrate für diesen Fall meist nicht relevant: Entweder Sie haben die jeweilige Summe, um die Aktie des gewünschten Unternehmens zu kaufen – oder Sie können die Aktie gar nicht kaufen.

Die monatliche Mindestrate reicht von einem Euro – bei Anbietern wie Finanzen.net Zero, ING Direkt-Depot, Scalable Capital Broker und Trade Republic Depot – bis hin zu 50 Euro. Gerade junge Leute mit geringem Einkommen schätzen es, wenn auch kleine Raten von 25 Euro oder weniger möglich sind.

Es gibt Anbieter, bei denen die an sich geringe monatliche Mindestrate torpediert wird durch hohe Orderkosten. Bei einigen Anbietern können sehr kleine Raten dadurch indiskutabel teuer werden. So kann die Belastung beim Beratungsdepot der Commerzbank bei einer Rate von 50 Euro anfangs über 19 Prozent liegen, wenn Anleger ein neues Depot eröffnen. Die reinen Ausführungskosten liegen bei stattlichen 6 Prozent. Grund ist der Fixkostenanteil von 2,50 Euro je Ausführung. Hier lohnen sich nur höhere Raten. Auch bei der Targobank sind aus Kostengründen nur höhere Raten sinnvoll. Wer diese nicht leisten kann, sollte kleinere Beträge auf dem Girokonto sammeln und vierteljährlich statt monatlich sparen – oder einen anderen Anbieter wählen.

Die (monatliche) Höchstrate

Das ist die Summe, die eine monatliche Sparplanausführung maximal haben darf. Sie wird von einigen Anbietern auf 500 Euro begrenzt, andere haben sie nicht gedeckelt. 50 000 Euro und mehr wären möglich. Auch dies bezieht sich nicht auf den Handel mit Aktien.

Die Anzahl der (sparplanfähigen) ETF

Bei sparplanfähigen ETF können Sie beim Depotanbieter einen Automatismus einrichten und müssen nicht jeden Monat manuell kaufen. So müssen Sie weder daran denken noch kommen Sie ins Grübeln, ob sich bei einem aktuell stark gestiegenen oder stark gefallenen Kurs der Kauf gerade lohnt. Sie kaufen automatisch – und schauen sich Ihre Depotentwicklung im Idealfall nur ein Mal im Jahr an.

Nicht jeder ETF, den ein Depotanbieter listet, wird auch als sparplanfähiger ETF geführt. Die meisten sparplanfähigen ETF führen derzeit die Neobroker Trade Republic und Scalable Capital. Fast alle davon sind bei diesen Anbietern derzeit auch komplett kostenlos in der Ausführung.

Die Höhe der jährlichen Depotkosten

Beratung hat ihren Preis – so urteilten unsere Tester zu den Preisstrukturen von Depots bei Filialbanken. Die Depotführung ist dort meist deutlich teurer als bei Direktbanken und erst recht bei reinen Onlinebrokern. Im Gegenzug können Sie aber die Beratung dieser Banken für Ihre Wertpapiergeschäfte in Anspruch nehmen.

Risikoeinstufung bei Depoteröffnung?

Wer ein Aktiendepot anlegt, muss gegenüber der Bank seine Risikobereitschaft in Sachen Geldanlage angeben. Einige Banken führen auch einen Onlinetest durch. Hier müssen Sie sich in die zweithöchste der fünf Risikoklassen einordnen beziehungsweise den Test bestehen – selbst wenn Sie einen defensiven oder ausgewogenen Pantoffel planen. Der Grund: Die depotführende Bank, bei der Sie die ETF-Anteile kaufen möchten, weiß nicht, dass Sie neben dem ETF-Anteil noch einen Tages- oder Festgeldanteil anlegen möchten. Würden Sie nur eine „mittlere Risikobereitschaft" angeben, stünde Ihnen die Option zum Kauf und Verkauf von ETF nicht zur Verfügung.

Günstiger sind die Grundgebühren bei Depots von Direktbanken. Bei Onlinebrokern und Neobrokern fallen oftmals gar keine jährlichen Depotkosten an.

Die Höhe der Orderkosten

Wertpapierkäufe und -verkäufe werden Order genannt. Das kann eine einzelne Aktie sein, ein ETF oder auch eine Sparplanausführung. Auch hier gilt die eben erwähnte Abstufung in den Preisstrukturen zwischen Filialbanken, Direktbanken und reinen Onlinebrokern.

Filialbanken nehmen zumeist einen geringen Prozentsatz der Summe, die Sie anlegen wollen, als Gebühr. Oft ist dies jedoch an einen Mindestpreis gekoppelt, bei dem Käufe und Verkäufe mit kleinerem Volumen unverhältnismäßig teuer werden. Der günstigste Anbieter, Santander Consumer Bank Wertpapierdepot, erhebt beispielsweise 1 Prozent Orderkosten, mindestens jedoch 17,90 Euro.

Günstiger sind Direktbanken: Der Anbieter Smartbroker+ Depot verlangt pauschal vier Euro pro Order. Neobroker wie Finanzen.net Zero, Justtrade, Scalable

SCHRITT FÜR SCHRITT

In 5 Schritten zum Depot

1 **Suchen Sie sich einen Depotanbieter,** der kostengünstige ETF-Sparpläne anbietet und auch insgesamt kostengünstig ist. Nutzen Sie dazu den Depotvergleich unter test.de/depot.

2 **Eröffnen Sie das Depot** in Ihrer Bankfiliale oder online, etwa bei einer Direktbank oder einem Neobroker. Das ist genauso unkompliziert wie die Eröffnung Ihres Tagesgeldkontos. Sie müssen einige persönliche Daten angeben und sich entweder über das Postident- oder das Videoident-Verfahren identifizieren lassen.

3 **Anschließend müssen Sie** unter Umständen noch eine Risikoeinstufung ausfüllen oder einen Onlinetest über ihre bisherigen Kenntnisse über Wertpapiere absolvieren (siehe Infokasten Seite 79).

4 **Spätestens nach einigen Bankarbeitstagen** haben sie ein Depot mit eigener Nummer und Verrechnungskonto zugewiesen bekommen. Richten Sie einen Dauerauftrag vom Girokonto auf das Depotverrechnungskonto ein oder überweisen Sie einen größeren Betrag für eine Einmalanlage.

5 **Richten Sie einen Freistellungsauftrag** für Ihr Depot ein. 1000 Euro aus Kapitalerträgen sind steuerfrei (2000 Euro bei gemeinsam veranlagten Ehepartnern). Sie sollten bei Ihrem Depot nur einen Teil des Maximalbetrags freistellen und den anderen Teil für Ihren Sicherheitsbaustein nutzen. Näheres zum Thema Steuern erfahren Sie im Kapitel „Auch das Finanzamt will seinen Teil“, ab Seite 93.

Capital und Trade Republic verlangen nur pauschal etwa einen Euro pro Ordner. Einige Online- und Neobroker unterscheiden zusätzlich zwischen normalen Käufen und Verkäufen einerseits und Sparplänen andererseits. Letztere sind, wie bereits erwähnt, zum Teil sogar kostenlos in der Ausführung. Anbieter mit kostenlosen Sparplänen sind Finanzen.net Zero, Flatex Depot, ING Direkt-Depot, Justtrade Depot, Scalable Capital Free Broker, Trade Republic Depot und Vanguard Invest Direct Depot.

Die Anzahl der Handelsplätze

In unserer Untersuchung zeigte sich hier ein umgekehrtes Bild. Die Neobroker sind keine lupenreinen „Vollsortimenter“ wie die großen Direktbanken. Das erkennt man vor allem an der Zahl der Börsenplätze: Bei Trade Republic läuft der Handel ausschließlich über die Börse LS Exchange, bei Finanzen.net Zero nur über Gettex. Scalable Capital bietet zwei und Justtrade drei verschiedene Börsenplätze an. Zum Vergleich offerieren die großen Direktbanken wie Comdirect, Flatex oder Smartbroker bis zu zwölf Handelsmöglichkeiten in Deutschland und an ausländischen Börsen.

Allerdings: Während wir in unserer Untersuchung großen Wert auf ein Vollsortiment legen, ist das für die Basisvariante des Pantoffel-Portfolios, wie es in diesem Buch beschrieben wird, kein ausschlaggebendes Kriterium.

Einen passenden ETF auswählen

Sie haben es fast geschafft. Für einen Basis-Pantoffel fehlt nur noch ein geeigneter ETF. Bei der Auswahl der am besten geeigneten ETF hilft Ihnen Finanztest.

Sie sind schon weit gekommen. Sie haben das Prinzip des Pantoffel-Portfolios mit seinen zwei Bausteinen kennengelernt und sich für eines der drei Risikoprofile entschieden. Mit dem bereits eingerichteten Tagesgeld- oder Festgeldkonto steht Ihr Sicherheitsbaustein. Der Teil Ihres Sparplans, der dorthin fließen soll, ist eingerichtet.

Sie haben sich auch schon für eine Depotbank entschieden und das Depot eröffnet. Nun steht noch die Auswahl Ihres konkreten Renditebausteins aus. Doch welcher soll es sein und wo finden Sie ihn? Keine Sorge: Das Restprogramm ist alles andere als Hexenwerk. Wir empfehlen Einsteigern einen Welt-ETF. Die besten ETF finden Sie im Serviceteil auf Seite 102.

Finanztest hilft bei der Auswahl

Es gibt eine unübersichtlich große Zahl an ETF und Aktienfonds auf dem Finanzmarkt. Zugegeben, das klingt kompliziert. Aber Sie müssen nur wenige ETF im Blick haben. Denn für den Basis-Pantoffel benötigen Sie lediglich einen ETF auf den Index MSCI World oder einen passenden nachhaltigen ETF auf den Weltaktienindex. Davon gibt es „nur noch" mehrere Dutzend zur Auswahl.

Doch selbst hier muss es keine Qual der Wahl geben. Mit der Fondsdatenbank von Finanztest finden Sie rasch einen oder auch mehrere für Sie geeignete Fonds und ETF. Rund 23 000 Fonds und ETF werden dort aufgeführt, davon rund 11 000 auch bewertet. Für 650 Fonds gibt es zudem eine Nachhaltigkeitsbewertung. Einen Auszug daraus finden Sie außerdem im Serviceteil dieses Buches auf Seite 102.

Den in der Basisversion kostenlosen Fondsfinder finden Sie unter test.de/fonds. Monatlich, und zwar zum Ende eines jeden Monats, werden die Fondsdaten und die Bewertung des Anlageerfolgs aktualisiert – mit der Fondsdatenbank sind Sie also immer auf dem neuesten Stand.

Die individuelle Suche gestaltet sich zudem komfortabel, da eine Freitextsuche nach Indizes und ETF integriert ist. So können Sie nach konkreten Anbietern oder nach einer konkreten Isin, aber auch nach Indextypen suchen: etwa mit „div" nach ETF, die einen Dividendenindex abbilden.

Was sind Name und Isin eines Fonds?

Den langen Namen des Fonds brauchen Sie sich nicht zu merken. Notieren Sie die Isin!

Für den Kauf bei Ihrer Depotbank benötigen Sie lediglich die sogenannte Isin (International Security Identification Number). Damit lässt sich jedes Wertpapier genau zuordnen. Die Isin ist sozusagen Ihre Bestellnummer für ein Wertpapier. Am Anfang der Isin finden sich zwei Buchstaben. Sie geben Auskunft über das Land, in dem der Fonds aufgelegt wurde. DE steht zum Beispiel für Deutschland, LU für Luxemburg.

Checkliste: Das ist mein Pantoffel-Portfolio

Notieren Sie sich alle Bausteine Ihres Portfolios in übersichtlichen Form. Das schafft Struktur und bietet Ihnen jederzeit leicht zugänglich alle relevanten Informationen zu Ihrer Geldanlage.

→ S. 129

Haben Sie schon einen speziellen Fonds im Auge, besteht hier die Möglichkeit, ihn prüfen zu lassen. In diesem Rahmen können Sie auch gleich mehr zum Fondsrating von Finanztest und zur Nachhaltigkeitsbewertung erfahren. Mit einem breiten Pool von etwa 1500 unterschiedlichen Fondsgruppen steht Ihnen ein äußerst differenziertes Auswahlspektrum zur Verfügung.

Unter „Fonds und ETF im Vergleich" können Sie Ihren künftigen ETF aus der Masse herausfiltern. Wählen Sie dafür im rechten Auswahlmenü „Alle ETF" an. Nun gelangen Sie auf die folgende Übersichtsseite. Filtern Sie oben im hellgrauen Menüband bei „Fondsgruppen", „Wichtige Fondsgruppen" nach „Aktien Welt". Ebenfalls im hellgrauen Menüband finden Sie die Rubrik „Weitere Filter". Hierunter wählen Sie bei „Ertragsverwendung" die Option „Thesaurierend" aus. Was das bedeutet, erfahren Sie gleich. In der nun angezeigten Tabelle sehen Sie nun die aktuell besten ETF auf den Index MSCI World. Sie wurden von unseren Finanztest-Experten als „1. Wahl" gekennzeichnet. Diese Bewertung steht für dauerhaft gute Fonds.

Aus diesen Welt-ETF können Sie sich einen aussuchen. Die Unterschiede sind marginal. Die voranstehenden Namen wie Amundi Lyxor, BNP, iShares, HSBC und Co. sind nur verschiedene Anbieter, die alle ihre eigenen ETF auf dem MSCI World-Index aufgesetzt haben. Einige tragen das Kürzel „SRI" im Namen – die grüne Variante des MSCI World. Hier sehen Sie in der grün markierten Spalte „Nachhaltigkeit", wie hoch wir den Nachhaltigkeitsanspruch der Anbieter selbst bewerten. Zum Teil können wir lediglich konstatieren, dass der ETF nachhaltig nach eigener Angabe ist.

Thesaurierend oder ausschüttend?

Es gibt einen für Sie wichtigen Unterschied zwischen verschiedenen Fonds. Die Fonds stellen, wie schon erklärt, einen Korb mit vielen Aktien zusammen. Aktiengesellschaften schütten einen Teil ihrer Gewinne regelmäßig an ihre Aktionäre aus, genannt Dividende. Auch die Fonds erhalten diese Dividenden. Einige Fonds schütten diese Erträge an die Anleger des Fonds aus. Sie heißen „ausschüttend". Andere belassen sie im Fondsvermögen und legen sie wieder an: Sie sammeln, das heißt, sie „thesaurieren".

Es mag verlockend sein, nicht erst nach 30 Jahren, sondern immer wieder kleinere Beträge wie aus dem Nichts zu erhalten – als Beweis, dass Ihr Geld fleißig für Sie arbeitet. Wenn Sie bei diesem Sinnbild bleiben wollen, arbeitet dieses ausgeschüttete Geld nun aber nicht mehr für Sie. Selbst wenn Sie es auf ein Tagesgeldkonto mit vergleichsweise attraktiven Konditionen schieben, wird das aller Voraussicht nach weniger abwerfen als die durchschnittlichen 5 bis 7 Prozent Rendite pro Jahr bei einem Welt-ETF. Wirtschaftlich wäre es am besten, das so erhaltene Geld sofort wieder im ETF anzulegen.

Thesaurierende Fonds haben für Anlegerinnen und Anleger den Vorteil, dass das automatisch passiert. Das zusätzliche Kapital erhöht den Wert Ihres Fondsanteils weiter und bewirkt damit eine Art Zinseszinseffekt.

Warum ein Welt-ETF die beste Wahl ist

Der Index MSCI World repräsentiert rund 1500 große und mittelgroße Aktienunternehmen aus 23 Industrieländern. Damit deckt er den weltweiten Aktienmarkt der Industrieländer ab. Grob vereinfacht gesprochen: Entwickelt sich die Weltwirtschaft positiv, steigt auch der MSCI World – und damit die ETF, die diesen Index abbilden. Er ist damit der Inbegriff des Rates: „Kaufen Sie den Heuhaufen!" Vielleicht gibt es in einem Jahr eine Weltregion, die stärker wächst als die Weltwirtschaft insgesamt. Vielleicht verzeichnen bestimmte Branchen oder Rohstoffgüter in einem Jahr enorme Anstiege, während die Weltwirtschaft in diesem Jahr stockt. Doch niemand kann wissen, welche Region das ist, oder welche Branche im darauffolgenden Jahr die höchsten Wachstumsrate hat.

Das Pantoffel-Portfolio ist auf Einfachheit und Bequemlichkeit ausgelegt. Die eigene Geldanlage soll Ihnen nicht den Schlaf rauben, sie soll Ihnen nicht einmal Hausaufgaben bereiten. Wer in einen Welt-ETF investiert, investiert in den Glauben, dass die Weltwirtschaft langfristig gesehen immer weiter wachsen wird – langsam, aber stetig.

SCHRITT FÜR SCHRITT

In 5 Schritten zum Basis-ETF

1 **Rufen Sie im Internet die Fondsdatenbank** von Finanztest unter test.de/fonds auf und filtern Sie dort nach „ETF", Fondsgruppe „Aktien Welt" und Ertragsverwendung „thesaurierend" – oder wählen Sie einen der Welt-ETF, siehe S. 102.

2 **Entscheiden Sie sich für einen Welt-ETF** mit der Bewertung „1. Wahl". Welchen der dauerhaft guten Welt-ETF Sie nehmen, spielt keine große Rolle. Sie sind allesamt gut. Notieren oder kopieren Sie sich die Isin.

3 **Wenn Sie eine Einmalanlage planen,** überweisen Sie den für den Renditebaustein geplanten Betrag auf Ihr Verrechnungskonto. Es kann einige Tage dauern, bis das Geld dort eingegangen ist. So lange müssen Sie mit dem Kauf noch warten. Sobald es eingegangen ist, können Sie für diese Summe Anteile am ETF erwerben.

4 **Wenn Sie einen Sparplan** einrichten wollen, können Sie gleich loslegen. Loggen Sie sich in die Onlinemaske Ihres Depots ein. Suchen Sie nach der Isin und prüfen Sie, ob dieser ETF bei Ihrem Depotanbieter sparplanfähig ist. Anderenfalls wählen Sie einen anderen aus. Schließen Sie nun einen Sparplan auf Ihren gewünschten ETF ab und wählen Sie das Sparplanintervall.

5 **Richten Sie auf Ihrem Girokonto** einen Dauerauftrag für die regelmäßige Überweisung der gewählten Sparplanrate an Ihr Depot-Verrechnungskonto ein.

Gratulation – Sie haben es geschafft!

Ihr Pantoffel-Portfolio ist nun komplett. Sie haben mit einem Tagesgeldkonto den Sicherheitsbaustein und mit dem Welt-ETF Ihren Renditebaustein geschaffen. Jetzt können Sie sich erst einmal zurücklehnen und abwarten. Spätestens nach einem Jahr werfen Sie dann noch einmal einen genauen Blick auf Ihr Portfolio und überprüfen dessen Zusammensetzung. Was dabei zu tun ist, erfahren Sie im Kapitel „Balance im Blick" ab Seite 90.

Und wenn Sie wissen möchten, wie Sie Ihr Pantoffel-Portfolio neben dem Welt-ETF mit weiteren interessanten ETF bestücken können, lesen Sie einfach weiter.

Abwandlungen und Beimischungen

Der klassische Welt-ETF des Renditebausteins ist nicht die einzige Möglichkeit. Mit nur wenig Aufwand etwa ist noch mehr weltweite Streuung oder mehr Nachhaltigkeit möglich.

Immer wieder gibt es Kritik an unserer Empfehlung des MSCI World als Basis-Geldanlage. Denn zum einen sind 41 Prozent aller Titel in diesem Index US-amerikanische Unternehmen. Ist das nicht zu viel? Dazu kommt, dass viele davon die großen Firmen aus der Tech-Branche sind – denn Apple, Microsoft, Amazon, der Google-Mutterkonzern Alphabet, Nvidia und Tesla sind derzeit einfach die größten und marktmächtigsten Konzerne der Welt. Ist das nicht ein Klumpenrisiko, eine zu starke Konzentration auf eine Branche?

Zum anderen gehören zu den größten Konzernen weltweit natürlich auch Mineralölkonzerne wie Exxon Mobile und Lebensmittelgiganten wie Nestlé. Diese Unternehmen stehen – wie auch viele andere Firmen und Branchen – immer wieder in der Kritik. Viele Anleger möchten ihr Geld nicht mit derartigen Investments verdienen.

Beide Einwände sind nachvollziehbar – und können auf Wunsch durch kleine Anpassungen im Pantoffel-Portfolio berücksichtigt werden.

Beimischungen

Anleger, denen die USA im Allgemeinen und die Tech-Branche im Speziellen im MSCI World zu stark vertreten sind, können ihren Renditebaustein durch die Beimischung weiterer ETF ergänzen, um das unerwünschte Übergewicht auszugleichen. Dabei gilt es aber, ebenfalls ein paar Fallstricke zu beachten. Je spezieller die Auswahl eines Index ist, desto höher ist auch das Risiko eines darauf basierenden ETF. Möglicherweise boomt die Weltwirtschaft, aber die Wirtschaft in Deutschland oder in vielen der Schwellenländer oder in einer bestimmten Branche ist gerade in der Krise. Die Beimischung eines ETF auf den Dax, auf die Emerging Markets (das heißt, die Schwellenländer) oder auf eine bestimmte Branche hätte dann zwar mehr Vielfalt gebracht – diese hätte sich aber nicht bezahlt gemacht.

Natürlich könnte es aber genauso gut auch andersherum laufen – und deutsche Unternehmen könnten einem weltweiten Wirtschaftsabschwung trotzen. Beimischungen bieten also zum Teil höhere Renditechancen, kommen aber auch mit höheren Risiken daher. So konnten Schwellenländer lange deutlich höhere Wachstumsraten vorweisen als die Industrieländer. Seit einigen Jahren schwächeln die Indizes auf die Emerging Markets jedoch und hängen den Welt-Aktienindizes nach.

Chancenreich können auch Trendthemen sein. 2023 erlebte etwa Künstliche Intelligenz (KI) einen enormen Aufschwung. Auch darauf gibt es inzwischen ein Angebot an ETF. Vielleicht ist der größte Anstieg jedoch schon wieder vorbei, wenn es endlich einen ETF auf eine noch junge Branche gibt? Das kann niemand voraussagen. Aufgrund des höheren Risikos empfehlen wir solche Trendthemen-ETF nur als geringe Beimischung innerhalb des Renditebausteins.

Andere Länder- und Branchengewichtungen

In Finanztest 12/2023 untersuchten wir, ob eine andere Gewichtung der Länder und Branchen – mit weniger USA und weniger IT – besser abgeschnitten hätte.

Wir haben dazu vier verschiedene Portfolios entwickelt, die wir auf verschiedenen Ebenen gleich gewichten:

→ **Einzeltitelebene:** Jedes Unternehmen wird alle viertel Jahre gleichgewichtet.

→ **Länderebene:** Jedes Land aus dem MSCI World wird monatlich gleichgewichtet. Die USA sind also nur mit rund 4,5 Prozent vertreten. Innerhalb eines Landes sind die Titel marktkapitalisierungsgewichtet.

→ **Regionenebene:** Wir gewichten USA und Europa monatlich gleich. Innerhalb Europas und der USA sind die Titel marktkapitalisierungsgewichtet. Japan und andere Länder aus dem Asien/Pazifik-Raum lassen wir ganz raus.

→ **Sektorebene:** Wir gewichten alle Sektoren monatlich gleich. Statt 20 Prozent macht der IT-Sektor also nur noch 9 Prozent im Portfolio aus – so wie alle anderen Sektoren auch.

Fazit unserer Experten

Keines der vier entwickelten Portfolios hätte deutlich besser funktioniert als der MSCI World-Index. Zudem gibt es – abgesehen natürlich vom MSCI World – aktuell keine ETF, mit denen sich die oben dargestellten Portfolios abbilden lassen.

Der Nachbau solch eines Portfolios wäre kleinteilig und mit Kosten verbunden. Diese Mühe lohnt sich also nicht.

Weitere mögliche Bestandteile im Renditebaustein

Niemand weiß, wie sich die Aktienmärkte von morgen entwickeln werden. Sie können den Renditebaustein daher mit diesen Varianten des Pantoffel-Portfolios leicht abwandeln. Letztlich ist dies jedoch etwas für erfahrenere Anlegerinnen und Anleger.

Kleiner Europa-Pantoffel: In der ausgewogenen Variante legen Sie – neben 50 Prozent in Tages- oder Festgeld – 40 Prozent in einem Welt-ETF und 10 Prozent in einem Europa-ETF. In der defensiven Variante wird der Renditebaustein im Verhältnis 20 Prozent Welt-ETF und 5 Prozent Europa-ETF aufgeteilt. In der offensiven Ausrichtung beträgt das Verhältnis des Renditebausteins 60 Prozent Welt-ETF und 15 Prozent Europa-ETF.

Großer Europa-Pantoffel: In dieser Variante stecken die gesamten prozentualen Anteile Ihres Renditebausteins – je nach Risikoprofil – in einem Europa-ETF.

Tiger-Pantoffel: Der verhältnismäßige Aufbau ist identisch zum jeweiligen Europa-Pantoffel (groß oder klein und je nach Risikoprofil). Statt Europa wird ein Schwellenländer-ETF genutzt, in dem Unternehmen aus Ländern wie Brasilien, China, Indien und Co. deutlich stärker gewichtet sind.

Deutschland-Pantoffel: Auch er ist wie der Europa-Pantoffel aufgebaut (groß oder klein) – aber mit dem Fokus auf deutsche Unternehmen.

Gold-Pantoffel: Der Aufbau ist erneut identisch (groß oder klein). Hier wird ein Gold-ETC verwendet.

Nachhaltiger Pantoffel: Alles zu dieser Ausrichtung erfahren Sie im folgenden Kapitel etwas detaillierter. Zusammen mit einer nachhaltigen Bank sowie nachhaltigen Tagesgeld- oder Festgeldkonto können Sie so eine grüne Geldanlage gestalten.

Nachhaltige ETF und Fonds

Zu vielen großen ETF gibt es ein nachhaltiges Pendant. Daneben gibt es auch spezielle aktive Fonds, die noch strengere Auswahlkriterien an den Tag legen.

Wenn Ihnen ein reiner Welt-ETF unpassend erscheint, weil er auch Unternehmen und Branchen beinhaltet, die Sie nicht unterstützen möchten, haben Sie für Ihren Renditebaustein auch Alternativmöglichkeiten. Sie könnten den nachhaltigen Ableger eines entsprechenden ETF kaufen. So gibt es etwa zum MSCI World einen entsprechenden MSCI World ESG oder auch SRI. Für Europa gibt es einen MSCI Europe SRI, Euro Stoxx 50 ESG und so weiter (zu den Abkürzungen siehe Seite 37).

Alternativ bietet sich ein spezieller Themen-ETF an, der Unternehmen gruppiert, die etwa mit Erneuerbaren Energien, Recycling, Wasser oder ähnlichem etwas für eine bessere Welt tun.

Die dritte Variante sind grüne aktive Aktienfonds. Diese wählen die enthaltenen Firmen nach noch strengeren Kriterien aus.

Unsere Finanztest-Nachhaltigkeitsbewertung

Das Angebot an nachhaltigen Fonds und ETF ist inzwischen sehr groß. Das ist kein Wunder, denn die Finanzwirtschaft folgt Trends, die gute Erträge versprechen. Wenn Sie den Renditebaustein nachhaltig gestalten wollen, müssen Sie aus vielen Angeboten eine Auswahl treffen. Dabei hilft die Nachhaltigkeitsbewertung von Finanztest. Sie wird sowohl für ETF als auch für Aktienfonds erstellt.

In puncto Rendite müssen Sie bei einem nachhaltigen ETF keine Einbußen im Vergleich zu konventionellen ETF befürchten. Im Krisenjahr 2022 hat sich das Bild zwar verändert und vor allem Ölkonzerne und Waffenhersteller haben profitiert, welche von nachhaltigen ETF ausgeschlossen sind. Doch langfristig spricht nichts dagegen, dass der Trend wieder aufgenommen wird.

Nachhaltige ETF

In der Fondsdatenbank unter test.de/fonds können Sie direkt „Fonds mit Nachhaltigkeitsbewertung" auswählen und so nur diese anzeigen lassen. Anschließend können Sie unter Fondsart nach ETF filtern. In der grünen Spalte sehen Sie die Finanztest-Nachhaltigkeitsbewertung. Maximal können fünf Punkte vergeben werden. Im Anhang finden sie zudem eine Auswahl (Seite 102).

Der bekannteste nachhaltige Index ist der MSCI World SRI. Hier sind rund 400 Unternehmen aus vielen Ländern der Welt versammelt. An Nachhaltigkeit orientierte Anleger können anstelle des konventionellen Welt-ETF diesen Ableger in ihr Portfolio aufnehmen.

Sie finden einen passenden ETF auf den MSCI World SRI in der Fondsdatenbank von Finanztest. Die nachhaltigen ETF haben allerdings einen Nachteil: Da auch hier einheitliche Maßstäbe für Nachhaltigkeit fehlen, entscheidet jeder Herausgeber eines Index selbst über die Auswahlkriterien. Die Nachhaltigkeitsbewertung von Finanztest zeigt, dass viele Indizes keine strengen Ansprüche an die Unternehmen erheben.

Unsere jüngste Untersuchung im Dezember 2023 ergab für die besten ETF nur eine mittelstrenge Ausrichtung an Nachhaltigkeitszielen. Viele ETF sind gegenüber der

Wirtschaft noch großzügiger eingestellt. Ausgegangen sind wir von 934 Fonds, die wir aus den Fondsgruppen Aktienfonds Welt, Aktienfonds Schwellenländer, Aktienfonds Europa und Aktienfonds Deutschland als potenziell nachhaltig identifiziert haben. Diese Fonds haben wir zunächst einem Vorab-Screening unterzogen. Insgesamt weist unsere Nachhaltigkeitsbewertung 29 Ausschlusskriterien auf. Dazu gehören neben Waffengeschäften auch die Missachtung von Menschenrechten, Atomkraft oder Umweltzerstörung. Wir tolerieren 5 Prozent Anteil an Unternehmen mit fossilen Energiereserven, 10 Prozent mit Tabak und 0 Prozent mit kontroversen Waffen. Ebenso gilt die Schwelle von 0 Prozent für Investitionen, die gegen die UN-Global-Compact-Prinzipien verstoßen. Die unterzeichnenden Unternehmen sollen sich unter anderem nicht an Menschenrechtsverletzungen, Kinder- und Zwangsarbeit sowie Korruption mitschuldig machen.

Eine gewisse Toleranz ist gegeben, denn große Konzerne verfügen meist über ein breites Netz an Beteiligungen. Darunter können sich auch eigentlich unerwünschte Aktivitäten befinden. Ein kleiner Anteil wird daher auch in unserer Nachhaltigkeitsbewertung toleriert. Andere Geschäftsfelder können dagegen besonders klimafreundlich oder ethisch vorbildlich sein.

Fondsanbietern, die das Vorab-Screening bestanden haben, haben wir einen Fragebogen geschickt. Für 513 Fonds und ETF haben wir eine Nachhaltigkeitsbewertung vergeben und unsere Fondsdatenbank entsprechend aktualisiert. Die Finanztest-Nachhaltigkeitsbewertung bezieht sich auf den gesamten Auswahlprozess der Fonds. Die Bewertung der Ausschlusskriterien macht 50 Prozent der Gesamtnote aus. In die anderen 50 Prozent fließen weitere Auswahlkriterien ein, etwa, welche Auswahlstrategien der Fondsanbieter verfolgt, wie streng er bei der Auswahl der Aktien vorgeht oder ob er einen unabhängigen Nachhaltigkeitsbeirat einsetzt.

Checkliste: Das ist mir wichtig bei der Geldanlage

Klären Sie für sich, welche Faktoren die Ausrichtung Ihres Portfolios bestimmen sollen. In der Checkliste fassen wir die wichtigsten Dimensionen zusammen.

→ S. 127

Alternative zu nachhaltigen ETF: nachhaltige Aktienfonds

Den Unterschied zwischen Aktienfonds und ETF kennen Sie bereits (siehe Seite 32). Vor allem die niedrigen laufenden Kosten können ETF als großen Vorteil verbuchen. Aktiv gemanagte Fonds, also Aktienfonds, bei denen Experten die Zusammensetzung festlegen und auch regelmäßig anpassen, sind hierbei etwas teurer. Während viele ETF nur 0,25 Prozent des Vermögens als jährliche Gebühr abziehen, können es bei Fonds schon einmal 3 Prozent sein. Das heißt, der Fonds muss zunächst einmal einen Wertzuwachs von 3 Prozent im Jahr erreichen, bevor Sie davon profitieren.

Als Alternative kommen Aktienfonds allerdings für jene Anleger infrage, die Wert auf die Einhaltung noch strengerer Nachhaltigkeitskriterien legen. Die besten nachhaltigen Fonds im Test sind in dieser Hinsicht sehr engagiert (siehe Seite 102).

Die Fonds wählen den Inhalt ihres Aktienkorbs ebenfalls nach Ausschlusskriterien, dem Best-of- Class-Ansatz und dem Best-of-all-Classes-Ansatz aus. Dazu wirken Sie als Aktionäre auf die Unternehmen im Fondsbestand ein. Bei einigen ethisch-ökologischen Banken wacht ein unabhängiger Nachhaltigkeitsbeirat darüber, dass die strengen Maßstäbe eingehalten werden.

Fast nie wieder Stress damit

Das Pantoffel-Portfolio ist bequem und einfach. Es ist ganz gezielt darauf ausgelegt, dass Sie sich nicht monatlich damit befassen müssen. Sie brauchen weder die Börsennachrichten noch den Kursverlauf beachten. Falls Sie einen Sparplan haben, läuft er automatisch.

Einmal im Jahr sollten Sie jedoch einen Blick auf Ihr Portfolio werfen. Es kann sein, dass es nach einem besonders guten oder schlechten Börsenjahr nicht mehr Ihrem ursprünglich gewählten Risikoprofil entspricht. Hier erfahren Sie, wann Sie handeln müssen – und was dann zu tun ist.

Balance im Blick

In einem der ersten Schritte haben Sie sich für eines der drei Risikoprofile entschieden. Gerät Ihr Portfolio aus der Balance, gilt es, diese wiederherzustellen.

Ihr Pantoffel-Portfolio steht. Auf der einen Seite, beim Sicherheitsbaustein, sammeln sich die ersten Zinsen an. Der Renditebaustein mit Welt-ETF auf der anderen Seite entwickelt sich weitgehend analog zum weltweiten Börsengeschehen. Zunächst können und sollten Sie die Dinge laufen lassen. Wer zu oft ins Portfolio guckt, läuft nur Gefahr, übereilte Schlüsse zu ziehen und gegebenenfalls daraus vorschnelle Handlungen abzuleiten.

Ab und an bedarf es jedoch eines Blicks auf die Wertentwicklung Ihres Portfolios. Einmal im Jahr sollten Sie die Verhältnisse überprüfen.

Der Grund, warum Sie das tun sollten ist einfach: Sie haben sich anfangs für ein Risikoprofil entschieden und ihre Geldanlage defensiv, ausgewogen oder offensiv ausgerichtet. Je nach Typ haben Sie Ihre Investments anschließend zwischen Zinsanlagen und Fonds aufgeteilt.

Die Balance zwischen beiden Bausteinen kann sich im Verlauf eines Jahres aber von selbst verändern, je nachdem, wie sich die Märkte entwickeln. Das ist ganz normal. Wichtig ist, dass Sie Ihr Portfolio bei einer größeren Veränderung anpassen, bevor Sie sich erneut ein Jahr zurücklehnen.

So oft war das rückblickend aber gar nicht notwendig – denn Sie müssen nicht bei jeder kleinen Verschiebung tätig werden. In den vergangenen 30 Jahren hätten Inhaber eines ausgewogenen Portfolios lediglich acht Mal aktiv werden müssen.

Beispielrechnungen: Wann sind Anpassungen notwendig?

Die Faustformel ist einfach. Weicht das Verhältnis zwischen Fonds- und Zinsanlagen mehr als 10 Prozentpunkte von Ihrem gewünschten Risikoprofil ab, greifen Sie ein und stellen die erwünschte Verteilung wieder her. Die folgenden sechs Beispiele zeigen, wann Sie handeln sollten und wann nicht.

Die Beschreibung der Berechnungen erscheinen vielleicht kompliziert. Doch keine Sorge: Sie finden auf Seite 135 eine leicht zu lesende Checkliste, anhand derer Sie Ihr Portfolio jährlich einschätzen können.

Defensiver Pantoffel ohne Anpassungsbedarf

Solange der Aktienanteil in dieser Variante zwischen 15 und 35 Prozent der Gesamtsumme ausmacht, ist keine Anpassung notwendig.

Die Anlegerin hat zu Beginn 15 000 Euro auf einem Tagesgeldkonto angelegt. Nach einem Jahr wurden daraus 15 100 Euro. Dazu hat sie ebenfalls zu Beginn für 5000 Euro Anteile an einem Welt-ETF erworben. Im Verlauf des Jahres hat die Börse kräftig zugelegt. Der Wert ihrer Anteile ist dadurch auf 6000 Euro gestiegen. Zusammen ergibt das eine investierte Summe von 21 100 Euro.

Für die Rechnung teilt die Anlegerin den aktuellen Aktienanteil von 6000 Euro durch die gesamte Anlagesumme von 21 000 Euro. Das Ergebnis multipliziert sie mit 100 – und erhält den Wert von 28,44 Prozent. Dies ist der prozentuale Anteil, den Ihr Renditebaustein derzeit in Ihrem Pantoffel-Portfolio einnimmt. Die Anlegerin muss nichts unternehmen, die Differenz ist im Rahmen.

Was bedeutet Rebalancing?

Durch das Rebalancing Ihrer Geldanlage behalten Sie das Risiko-Rendite-Verhältnis stets im Griff.

Rebalancing dient dazu, das Risiko zu kontrollieren und sicherzustellen, dass das Portfolio weiterhin den individuellen Anlagezielen und der Risikotoleranz entspricht. Es ist eine Strategie, um eine übermäßige Konzentration auf bestimmte Anlageklassen zu vermeiden und die langfristige Ausrichtung des Portfolios zu bewahren.

Defensiver Pantoffel mit Anpassungsbedarf

In den vergangenen Jahren hatte der Aktienanteil des Anlegers immer weiter zugenommen. Vor einem Jahr umfasste sein Sicherheitsbaustein 10 000 Euro und sein Renditebaustein 5000 Euro – und damit 33,33 Prozent des Portfolios. Das lag noch knapp im Rahmen, der Anleger musste kein Rebalancing vornehmen.

Bei der diesjährigen Überprüfung lag das Verhältnis bei 10 500 Euro auf dem Tagesgeldkonto und 6000 Euro im Welt-ETF. 6000 Euro geteilt durch die Gesamtinvestition von 16 500 Euro, multipliziert mit 100 ergibt einen aktuellen Anteil des Renditebausteins von 36,36 Prozent. Ein Rebalancing wird notwendig.

Um das ursprüngliche Verhältnis wiederherzustellen, multipliziert der Anleger die Gesamtsumme von 16 500 Euro mit 0,25. Das Ergebnis ist der derzeit korrekte Anteil des Aktienanteils: 4125 Euro. Er verkauft daher 1875 Euro aus seinem ETF und fügt sie seinem Tagesgeld hinzu. Danach entspricht die Verteilung wieder seinem Risikoprofil.

Ausgewogener Pantoffel ohne Anpassungsbedarf

Hier ist keine Anpassung notwendig, solange der Aktienanteil zwischen 40 und 60 Prozent der Gesamtsumme ausmacht.

Die Anlegerin hat je 25 000 Euro in Zinsanlagen und in einen ETF gesteckt. Nach einem Jahr hat sich auf dem Tagesgeldkonto ein Betrag von 25 750 Euro angesammelt. Die ETF-Anteile sind nun 27 000 Euro wert.

Sie rechnet: Der Renditebaustein umfasst 51,18 Prozent. Die Abweichung ist gering, es besteht kein Handlungsbedarf.

Ausgewogener Pantoffel mit Anpassungsbedarf

Der Anleger hatte ebenfalls je 25 000 Euro auf beide Bausteine verteilt. Während der Zinsertrag bei ihm für 25 750 Euro auf dem Tagesgeldkonto sorgt, hat ein Börsencrash seinen Welt-ETF auf 16 000 Euro reduziert.

Diesen Aktienanteil dividiert er durch die Gesamtsumme von 41 750 Euro und multipliziert das Ergebnis mit 100 – das ergibt 38,32 Prozent. Er muss handeln.

Die Hälfte der Gesamtsumme beträgt 20 875 Euro. Er überweist daher 4875 Euro vom Tagesgeldkonto auf das Verrechnungskonto des Depots und kauft dafür weitere Welt-ETF-Anteile.

Offensiver Pantoffel ohne Anpassungsbedarf

Eine Anpassung ist hier nur nötig, wenn der Aktienanteil mehr als 85 oder weniger als 65 Prozent der Gesamtsumme ausmacht.

Checkliste: Rebalancing in der Praxis

Schichten Sie innerhalb Ihres Portfolios um, wenn das Gleichgewicht aus den Fugen gerät.

Wenn Anlageklassen im Laufe der Zeit an Wert gewinnen oder verlieren, kann das Gleichgewicht im Portfolio gestört werden. Mit unseren beiden Checklisten zum Rebalancing behalten Sie das Gleichgewicht.

→ S. 135

Der Anleger hat 4000 Euro auf das Tagesgeldkonto überwiesen und 12 000 Euro in Fonds investiert. Nach einem Jahr ist die Zinsanlage auf 4100 Euro angewachsen. Der Wert des ETF ist um 5 Prozent auf 14 000 Euro gestiegen.

Der Aktienanteil liegt bei 77,35 Prozent. Der Anleger muss nichts tun.

Offensiver Pantoffel mit Anpassungsbedarf

Die eigentlich offensive Anlegerin hat aktuell ebenfalls 4000 Euro auf dem Tagesgeldkonto, 12 000 Euro stecken in Anteilen eines Welt-ETF.

Vor kurzem hat sie jedoch 5000 Euro geerbt, die sie derzeit auf dem Tagesgeldkonto zwischenparkt. Damit ist ihre offensive Ausrichtung aus der Balance geraten. Um sie wiederherzustellen, müsste sie für 3750 Euro weitere ETF-Anteile in ihr Depot legen.

Rebalancing einfach erklärt

Das Verhältnis des Risikobausteins an Ihrem gesamten Portfolios lässt sich schnell errechnen: Nehmen Sie den Wert des Aktienanteils und teilen Sie ihn durch die Gesamtsumme beider Bausteine. Anschließend multiplizieren Sie das Ergebnis mit 100. Bewegt sich das Ergebnis bei einer defensiven Ausrichtung zwischen 15 und 35, ist alles in Ordnung. Das Gleiche gilt für die Spanne 40 bis 60 in der ausgewogenen und für 65 bis 85 in der offensiven Variante.

Wird die Spanne von zehn Prozentpunkten Abweichung vom eigentlich angepeilten Wert des Aktienanteils über- oder unterschritten, ist ein Rebalancing nötig. Soll Ihr Aktienanteil in einem defensiven Ausrichtung eigentlich 25 Prozent ausmachen? Dann multiplizieren Sie die Gesamtsumme aus beiden Bausteinen mit 0,25. Bei 50 Prozent im ausgewogenen Risikoprofil multiplizieren Sie sie mit 0,5 und für eine offensive Ausrichtung multiplizieren Sie sie mit 0,75. Nun haben Sie den korrekten Betrag für den gewünschten Aktienanteil.

Nehmen Sie nun Ihren aktuellen Aktienanteil und subtrahieren Sie davon den eben errechneten korrekten Betrag. Bleibt unter dem Strich ein positiver Betrag, verschieben Sie diese Summe in den Sicherheitsbaustein. Steht unter dem Strich ein negativer Betrag, kaufen Sie dafür weitere ETF-Anteile.

Kopfsache

Natürlich spricht nichts dagegen, immer wieder einmal auf die Wertentwicklung Ihres Depots zu schauen. Doch gerade in schlechten Börsenjahren kann der zu häufige Blick die Laune vermiesen. Sinken die Kurse zwischenzeitlich, verliert auch Ihr ETF an Wert. Davon sollten Sie sich jedoch nicht beeindrucken lassen. Denn es handelt sich nur um Buchverluste. Abgerechnet wird erst, wenn Sie die Anteile später einmal tat-

Auch das Finanzamt will seinen Teil

Wenn Ihr Vermögen stetig wächst, freut sich auch das Finanzamt. Denn Kapitalerträge sind grundsätzlich steuerpflichtig.

In der Regel ziehen die Banken die Steuer automatisch ab. In manchen Fällen müssen Sie Kapitalerträge aber auch von sich aus angeben. Mit Freistellungsaufträgen können Sie eine Steuerzahlung ganz oder wenigstens teilweise vermeiden.

Festlegen: Freistellungsauftrag

Zwar sind Kapitalerträge grundsätzlich zu versteuern – das passiert zumeist automatisch von Ihrer Bank aus. Doch der Staat hat dabei einen Freibetrag eingeführt, bis zu dem Zinsen sowie Gewinne auf Wertpapiere steuerfrei bleiben. Bis zu 1000 Euro können Alleinstehende – und bis zu 2000 Euro gemeinsam veranlagte Ehepartner – pro Jahr steuerfrei aus Kapitalerträgen einnehmen. In vielen Fällen müssen Sparer daher nichts an das Finanzamt abführen.

Sie können die automatische Steuerzahlung durch Ihre Bank sowie Depotbank bis zu diesen Grenzen durch einen oder mehrere Freistellungsaufträge verhindern. Denn der Betrag kann auf mehrere Institute verteilt werden – sie müssen ihn aber aktiv pflegen. Wenn Sie zum Beispiel nur ein Pantoffel-Portfolio besitzen, können Sie bei der Bank für ihr Tagesgeldkonto eine Teilsumme steuerfrei stellen lassen. Die restliche Summe lassen Sie bei Ihrem Depot freistellen. Das geht in der Regel leicht online.

Sollten Sie über das Pantoffel-Portfolio hinaus über weitere Kapitalanlagen verfügen – etwa ein weiteres Tagesgeldkonto für den Notgroschen oder ein weiteres Depot für Ihr Kind, das aber auf Ihren Namen läuft –, können Sie den Freibetrag auch noch weiter splitten. Wichtig dabei: Alle Freistellungsaufträge zusammengenommen dürfen das Maximum von 1000 Euro (2000 Euro bei Ehepartnern) nicht überschreiten. Das würde Ihrem Finanzamt schnell auffallen, da die Banken die jeweils erteilten Freistellungsaufträge melden müssen.

Automatisch: Abgeltungssteuer

In der Regel müssen Sie sich um die Besteuerung Ihrer Kapitalerträge nicht kümmern. Denn die Banken in Deutschland ziehen Ihnen fällige Steuern automatisch ab und überweisen sie an das Finanzamt. Diese sogenannte Abgeltungssteuer auf Zinsen, Dividenden, Gewinne aus Wertpapierverkäufen oder Währungsgewinne beträgt 25 Prozent. Dazu kommt der Solidaritätszuschlag sowie gegebenenfalls die Kirchensteuer. Je nach Bundesland werden auf Kapitalerträge damit bis zu 27,99 Prozent Steuern erhoben. Wer sich auskennt, kann dabei günstiger fahren. Der Solidaritätszuschlag wird übrigens auch dann erhoben, wenn Sie ihn bei Ihrer normalen Einkommenssteuer gar nicht mehr bezahlen müssen.

Wichtig ist, dass nur Kapitalerträge versteuert werden. Hierzu ein Beispiel, in dem der Einfachheit halber die Kosten für Kauf-

Checkliste: Freistellungsauftrag

Befreien Sie Ihre Kapitalerträge von der Abgeltungssteuer, behalten Sie die Gesamtsumme des Freistellungsauftrags sowie seine Aufteilung auf verschiedene Konten im Blick und überprüfen Sie die Aufträge jährlich, damit Sie den Sparerpauschbetrag bestmöglich nutzen. Notieren Sie alles in unserer Checkliste.

→ S. 143

und Verkauf keine Rolle spielen: Wenn Sie einen ETF für 1000 Euro gekauft haben und ihn für 1005 Euro anschließend wieder verkaufen, zahlen Sie die Abgeltungssteuer nur auf diese fünf Euro. Die 1000 Euro waren und sind Ihr ursprüngliches eigenes Vermögen, auf das keine Abgeltungssteuer anfällt.

Kontrollieren: Jahressteuerbescheinigung

Einmal im Jahr, meist im ersten Quartal, erhalten Anleger von Ihrer Depotbank eine Jahressteuerbescheinigung ausgestellt. Diese finden Sie im Dokumentenfach Ihres Depots. Sollten Sie zu viel Steuern gezahlt haben, können Sie sich diese Beträge mit Ihrer Steuererklärung vom Finanzamt zurückholen.

Mitunter Pflicht: Die Anlage KAP

„Einkünfte aus Kapitalvermögen" steht auf dem Formular, das gemeinhin auch kurz als Anlage KAP bezeichnet wird. Mit diesem Formular aus der Steuererklärung können Sie sich zu viel gezahlte Steuern zurückholen.

Wenn Sie keinen Freistellungsauftrag erteilt haben, ziehen Ihnen die Banken automatisch Steuern ab und überweisen Sie an das Finanzamt. Mit der Erklärung in der Anlage KAP können Sie Ihren Freibetrag doch noch wirksam werden lassen. Ebenso lohnt sich das Ausfüllen, wenn Sie Ihre Freistellungsaufträge ungünstig verteilt haben und ein Teil davon deshalb ungenutzt bleibt, während ein anderer Teil zu gering angesetzt war.

Es gibt auch einige Fälle, in denen die Abgabe dieser Erklärung verpflichtend ist: Vorgeschrieben ist sie, wenn Sie Ihr Konto oder Depot von einer Bank im Ausland führen lassen. Ausländische Institute führen die Abgeltungssteuer nicht automatisch ab. Es gibt weitere spezielle Konstellationen, in denen sich die Abgabe lohnt oder Pflicht ist. Sie spielen aber für das einfache Pantoffel-Portfolio in der Regel keine Rolle.

Achtung: Rentner und Geringverdiener

Die detaillierte Abrechnung der Kapitalerträge über die Anlage KAP lohnt sich besonders für Geringverdiener, Arbeitslose, Rentnerinnen und Rentner. Denn wenn ihr Grenzsteuersatz bei der Einkommenssteuer unterhalb der Abgeltungssteuer von 25 Prozent liegt, gilt der niedrigere Satz auch für ihre Kapitalerträge.

Auf dem Formular KAP kann die sogenannte Günstigerprüfung beantragt werden. Dann prüft das Finanzamt, ob der Grenzsteuersatz unterhalb von 25 Prozent liegt. Ist dies der Fall, erhält der Anleger auch den Solidaritätszuschlag zurückerstattet.

Für Rentnerinnen und Rentner, die vor dem 2. Januar 1958 geboren wurden, gibt es einen weiteren Grund für die Steuererklärung: Ihnen wird für Nebeneinkünfte wie die Kapitalerträge noch ein Altersentlastungsbetrag zugestanden, der sich eventuell auch steuermindernd auswirkt.

Verlusttopf: Wenn Sie im Minus verkaufen

Es gibt miese Börsenjahre, in denen Ihr ETF Verluste macht. Solange Sie ihn nicht verkaufen, spielt das für die Steuer keine Rolle. Erst bei einem Verkauf schaltet sich der Staat ein. Verkaufen Sie Anteile Ihres ETF mit Verlusten, verrechnet Ihre Depotbank das Minus mit anderswo gegebenenfalls angefallenen Gewinnen. Wenn Sie zum Beispiel im selben Jahr von einem anderen, gut laufenden ETF Anteile mit Gewinn verkauft haben, wird der Verlustbetrag mit der bei Erträgen eigentlich fälligen Abgeltungssteuer gegengerechnet.

Sollten Sie Depots bei mehreren Banken haben, können Sie Gewinne bei der einen Bank mit Verlusten bei einer anderen mit der Steuererklärung verrechnen lassen. Dazu müssen Sie bis zum 15. Dezember eines Jahres von der Bank, bei der die Verluste angefallen sind, eine sogenannte Verlustbescheinigung anfordern. Verstreicht der Termin, wird der Verlust auf das Folgejahr übertragen.

Denn Verluste, die nicht mit Gewinnen verrechnet werden, werden in einem sogenannten Verlustverrechnungstopf gespeichert. Diese Töpfe nehmen Sie in das jeweilige Folgejahr mit. So können Sie auch in späteren Jahren noch Gewinne gegen den Verlust gegenrechnen, bis dieser Topf aufgebraucht ist.

Ein wichtiges Detail hat der Gesetzgeber dabei jedoch hinzugefügt: Es gibt mehrere Verlustverrechnungstöpfe. Verluste aus Aktienverkäufen dürfen nicht mit Gewinnen aus dem Verkauf von Fonds und ETF verrechnet werden. Diese Regelung ist umstritten und wird vom Bundesverfassungsgericht noch überprüft. Einstweilen gilt sie aber weiter.

Automatisch: Vorabpauschale

Eine weitere Regelung unterscheidet bei der steuerlichen Behandlung zwischen ausschüttenden und thesaurierenden Fonds. Überweist Ihnen die Fondsgesellschaft regelmäßig anfallende Dividendengewinne, so werden diese von der Abgeltungssteuer erfasst. Legt sie diese Gewinne hingegen wieder in Aktien an und steigert damit den Wert Ihrer Anteile, setzt die Besteuerung erst beim Verkauf der Fondsanteile an, also womöglich erst viele Jahre später.

Das Finanzamt will aber nicht lange warten, bis es endlich auf die Kapitalerträge der Sparer zugreifen kann. Mit der der sogenannten Vorabpauschale holt es sich bereits jeweils zu Jahresbeginn einen kleinen Teil der Kapitalerträge von ETF und Fonds aus dem Vorjahr. Das betrifft jene Fonds, die Dividenden nicht ausschütten, sondern automatisch wieder anlegen, also thesaurieren. Die genaue Berechnung ist kompliziert. Wichtig für Sie ist nur, dass die Depotbanken in Deutschland den Einzug ganz automatisch erledigen.

Haben Sie Ihr Depot bei einer Bank im Ausland, müssen Sie die Wertsteigerungen Ihrer Fonds in der Steuererklärung selbst angeben.

Auch hier greift gegebenenfalls Ihr Freistellungsauftrag, und es wird keine Vorabpauschale fällig. Und keine Sorge vor einer Doppelbesteuerung: Beim Verkauf der Fondsanteile wird die dann fällige Steuer mit der vorab erhobenen verrechnet. Unter dem Strich erhält die Staatskasse also denselben Betrag. Bei ausschüttenden Fonds werden Steuern direkt von den Dividenden abgezogen. In der Regel wird daher keine Vorabpauschale auf Gewinne eingezogen.

Der Lohn des langen Sparens

Wenn es Zeit wird, können Sie die Ansparphase in einen Auszahlplan umwandeln. Der Clou: Das zwischenzeitlich verbleibende Geld wirft weiterhin Rendite ab.

Eine Hauptmotivation vieler Sparerinnen und Sparer ist es, später neben der gesetzlichen Rente noch eine zusätzliche Altersvorsorge aufzubauen. Das Pantoffel-Portfolio stellt dafür eine echte Alternative zur privaten Rentenversicherung dar.

Neben der größeren Flexibilität gibt es noch weitere wichtige Unterschiede zu den Versicherungsprodukten. So geht Ihr Vermögen im Todesfall nicht verloren, sondern geht an Ihre Erben über. Es gibt aber auch einen Nachteil: Die Höhe Ihrer Zusatzeinkünfte wird je nach der Wertentwicklung Ihres Portfolios schwanken. Mit dieser Unsicherheit werden Sie leben müssen. Mit einer guten Entnahmestrategie kann es jedoch gelingen, die mitunter großen Kursschwankungen an der Börse auszugleichen.

Die Rente aufpeppen: Der Entnahmeplan

Die erste wichtige Überlegung betrifft den Zeitraum, der Ihrem Entnahmeplan zugrunde liegen soll. Angenommen, Sie wollen später einmal mit 67 Jahren in den Ruhestand gehen. Dann haben Sie statistisch betrachtet – laut Stand im Jahr 2023 – als Mann noch 11 Jahre, als Frau noch 16 Jahre vor sich, die es zu finanzieren gilt. Doch die Statistik sagt wenig über Ihre persönliche Lebenserwartung aus. Daher ist es ratsam, in Ihre Planung einen gehörigen Sicherheitspuffer einzubauen. Schließlich werden Menschen oft überdurchschnittlich alt, sofern sie einen gesunden und ausgeglichenen Lebensstil pflegen. Es kann natürlich auch sein, dass Sie eine viel kürzere Auszahlphase anpeilen. Das steht Ihnen selbstverständlich frei.

Für eine schrittweise Entnahme statt der einmaligen Auszahlung des ganzen Vermögens sprechen zwei Gründe:

Zum ersten werden Sie dadurch die Gefahr abmildern, in späteren schwächeren Börsenphasen weniger herauszubekommen als eigentlich möglich wäre.

Zum zweiten wird Ihr restliches Vermögen in der Zwischenzeit weiterhin in den ETF investiert bleiben. So werden Sie auch von zukünftigen Wertsteigerungen weiter profitieren. Ihr Vermögen wird durch die bestehende Anbindung an den Aktienmarkt allerdings nach wie vor kleineren und größeren Schwankungen unterliegen. Kalkulieren Sie Ihre spätere monatliche Entnahme daher so, dass Sie sie auch im Fall eines Kurssturzes um 60 Prozent nicht zu verringern brauchen. Warum ausgerechnet 60 Prozent? Das entspricht dem maximalen Verlust, den es in den vergangenen drei Jahrzehnten gab. Selbst für den schlimmsten Fall also, dass sich dieses Szenario wiederholt, reicht Ihr Kapital bis zum Ende der gewählten Laufzeit.

Je näher sich die Aktienkurse während der Auszahlphase an ihren Höchstständen bewegen werden, desto größer würde auch Ihr finanzieller Puffer – und umgekehrt. Der Trick: In guten Zeiten werden Sie sich etwas weniger auszahlen als möglich wäre – und sorgen so für schlechtere Jahre vor. Anlegerinnen und Anleger mit einem ausgewogenen Pantoffel und einem Kapital von 100 000 Euro werden so monatlich etwas mehr als 270 Euro entnehmen können, wenn sie einen Zeitraum von 30 Jahren finanzieren möchten. Unter diesen Betrag würde die Auszahlung im Verlauf der Zeit nicht mehr sinken. Würde es hingegen bei einem stetigen Wertzuwachs des ETF bleiben, werden Sie sich sogar über eine steigende Rente freuen können.

Rebalancing des Entnahmeplans

Die Pflege der Pantoffel-Auszahlphase wird ebenso einfach sein wie die während der Spar- beziehungsweise Einzahlphase. In regelmäßigen Abständen, etwa einmal im Jahr, werden Sie überprüfen, ob das Verhältnis zwischen Sicherheits- und Renditebaustein noch stimmt. Sollten Sie größere Abweichungen feststellen, passen Sie Ihr Portfolio wie üblich an.

Außerdem werden Sie prüfen, ob Ihre Auszahlung bei einer schwankenden Variante erhöht oder gesenkt werden muss. Um Ihr Portfolio oder Auszahlungen anzupassen, benötigen Sie keine tiefgehenden mathematischen Kenntnisse.

Finanztest hat dafür einen Rechner unter test.de/pufferpantoffel online gestellt. Dort können Sie Ihre Vermögensstände beim Tagesgeld und bei den Fonds sowie die Laufzeit Ihrer Auszahlungen eintragen. Per Mausklick werden Sie dann den Entnahmebetrag angezeigt bekommen.

Eine variantenreiche Strategie

Den Entnahmeplan können Sie auch variieren. Finanztest hat fünf Modelle für die Auszahlphase entwickelt, bei denen das Geld bis zum Ende der geplanten Laufzeit reicht. Die vorgestellten Strategien haben unterschiedliche Stärken und Schwächen. Die ersten drei sind eher einfach, die beiden letzten ausgefeilter:

→ **Fixe Rente:** Der einmal festgelegte Betrag läuft für immer aufs Konto. Das passt für diejenigen, die sich wenig kümmern wollen. Diese Variante ist die einfachste.

→ **Flexible Rente:** Wer direkt von gestiegenen Börsenkursen oder Zinsen profitieren möchte, nutzt die flexible Rente, muss aber mit schwankenden Rentenzahlungen leben können. Dabei berechnen Sie Ihre Auszahlung anhand der verbleibenden Laufzeit jährlich neu. Das ermöglicht in guten Börsenzeiten eine steigende Auszahlung.

→ **Zins-und-Dividenden-Rente:** Wer das Vermögen am liebsten gar nicht antasten möchte, bezieht nur Zinsen und Dividenden. Diese Variante ist eher für Anlegerinnen und Anleger interessant, die Ihren Kapitalstock unberührt lassen wollen – etwa, weil er vererbt werden soll. Die Auszahlungen schwanken jedoch stark und sind vergleichsweise mager. Für Anleger mit hohem Vermögen kann diese Variante eine Option darstellen.

→ **Rente mit Puffer:** Wer vorsichtig starten möchte, um auf steigende Ausgaben im fortgeschrittenen Alter vorbereitet zu sein, setzt auf die Rente mit Puffer. Sie entspricht dem eingangs beschriebenen Vorgehen, berücksichtigt also die Möglichkeit eines maximalen Kursverlusts an den Börsen.

→ **Lernende Rente:** Für einen möglichst geschmeidigen Verlauf mit höherer Startrente und konstanten Steigerungen sorgt die lernende Rente. Ihr Algorithmus wird mit historischen Kursen gefüttert.

Alle Details zu den Strategievarianten finden Sie in Finanztest Heft 11/2023 sowie online unter www.test.de/pufferpantoffel. Dort finden finden Sie auch einen Profi-Rechner, mit dem Sie die verschiedenen Entnahmestrategien in Kombination mit der gewünschten Laufzeit, Ihrem angesparten Vermögen und Ihrem individuellen Risikoprofil ermitteln können.

Service

Fonds im Dauertest

Auf test.de/fonds finden Sie Infos zu rund 23 000 Fonds aus 1500 Fondsgruppen. Eine Auswahl finden Sie hier im Anhang.

Von den rund 23 000 Fonds haben wir rund 10 000 mit einer Bewertung des Anlageerfolgs versehen und rund 450 mit Bewertung der Nachhaltigkeit (kostenpflichtig).

Die komplette Liste der **1. Wahl Welt-ETF** gibt es als PDF online kostenlos. Auch die **Mischfonds-Tabellen** können Sie kostenlos online abrufen. Den jeweils aktuellen Link finden Sie im aktuellen Finanztest-Heft. Die Links gelten, bis das nächste Heft erscheint.

So funktioniert die neue Fondsbewertung

Dauerhaft gut: 1. Wahl-ETF

Finanztest vergibt in jeder Fondsgruppe für breit gestreute klassische sowie nachhaltige ETF die Auszeichnung „1. Wahl". Weil markttypische ETF sich in der Regel dauerhaft gut entwickeln, empfehlen wir sie besonders.

Wie wir den Anlageerfolg bewerten

Für alle mindestens fünf Jahre alten Fonds berechnen wir die Chance-Risiko-Zahl. Diese Zahl ist Grundlage unserer Punkte-Bewertung und gibt an, wie gut das Chance-Risiko-Verhältnis eines Fonds relativ zu dem seines Vergleichsindex ist. Unsere Bewertungsstufen für den Anlageerfolg lauten:

1. Wahl = Dauerhaft gut.
●●●●● = Sehr gut.
●●●●○ = Gut.
●●●○○ = Mittelmäßig.
●●○○○ = Schlecht.
●○○○○ = Sehr schlecht.

Die Bestnote von fünf Punkten vergeben wir selten und meist nur vorübergehend. Dafür muss die Chance-Risiko-Zahl über 105 liegen und einen positiven Trend aufweisen. Zudem muss der Fonds bessere Chancen und geringere Risiken als der Referenzindex haben. Wer einen Fünf-Punkte-Fonds im Portfolio hat, sollte dessen Performance mindestens einmal im Jahr überprüfen.

Stabile Fonds – klassisch oder grün

Aktive Fonds, die schon länger auf dem Markt sind, kennzeichnen wir als „stabile Fonds", wenn etwa ihr Anlageerfolg innerhalb der vergangenen zehn Jahre nie unter zwei Punkte gefallen und ihre Marktnähe in dieser Zeit nie unter 90 Prozent (klassische Fonds) beziehungsweise 70 Prozent (Fonds mit hoher Nachhaltigkeit) lag. Solche Fonds eignen sich für alle, die in aktiv gemanagte Fonds investieren und Umschichtungen möglichst vermeiden wollen.

Tipp: Wie wir Anlageerfolg und Nachhaltigkeit bewerten, erläutern wir noch detaillierter unter www.test.de/fonds/methodik und www.test.de/nachhaltige-fonds.

Noch Fragen? Schreiben Sie uns!
Brief: Postfach 304141, 10724 Berlin
E-Mail: fonds@stiftung-warentest.de.

Das zeigen die Fondstabellen

Von Anlageerfolg bis Nachhaltigkeit können Sie alles selbst nachvollziehen und vergleichen. So lesen und verstehen Sie unsere Tabellen.

Fonds				Nachhaltigkeit	Anlageerfolg	Chance-Risiko-Zahl (%)		Besser als Referenzindex		Marktnähe (%)	Rendite (% p.a.)	
Anbieter	**Nachgebildeter Index** (bei ETF) bzw. **Fondsname** (bei aktiven Fonds)	Isin	Kosten (%)			Aktuell	10-Jahres-Tief	Risiko	Chance		5 Jahre	1 Jahr
1	2	3	4	5	6	7	8	9		10	11	

1. Wir nennen den **Fondsanbieter**.

2. Bei ETF geben wir den **nachgebildeten Index** an, bei aktiv gemanagten Fonds den **Fondsnamen**.

3. Die **internationale Wertpapierkennnummer Isin** brauchen Sie bei Kauf und Verkauf zur klaren Identifikation des Fonds.

4. Unter **Kosten** steht, wie viel Prozent vom Anlagewert pro Jahr für Management und Vertrieb des Fonds draufgehen. Die Angabe entspricht den sonstigen laufenden Kosten in den Basisinformationsblättern. Bei der Rendite sind diese Kosten berücksichtigt. Kaufkosten der Anleger fließen nicht ein.

5. Die **Nachhaltigkeit** gibt für ausgewählte Fonds auf einer Skala von eins bis fünf an, wie wir diese unter ökologischen und ethischen Gesichtspunkten einschätzen.

6. Für den **Anlageerfolg** haben wir sechs Bewertungsstufen. Sie zeigen, wie gut ein Fonds innerhalb seiner Gruppe ist. „1. Wahl" sind marktbreite ETF. Alle anderen Fonds mit genügend langer Historie bekommen eine Punkte-Bewertung von eins bis fünf. Basis für die Bewertung ist die **Chance-Risiko-Zahl** eines Fonds. Für eine Fünf-Punkte-Bewertung muss diese Zahl über 105 liegen, der **Trend** positiv und die **Chancen** und **Risiken** besser als der Referenzindex sein.

7. Die **Chance-Risiko-Zahl** in Prozent zeigt noch genauer, wie viel besser oder schlechter als der Referenzindex ein Fonds während der vergangenen fünf Jahre abgeschnitten hat. Dafür teilen wir das Chance-Risiko-Verhältnis eines Fonds durch das Chance-Risiko-Verhältnis des Referenzindex. Der **Trend** zeigt in Pfeilform, ob die Chance-Risiko-Zahl in jüngerer Zeit gestiegen, seitwärts gelaufen oder gefallen ist.

8. Das **10-Jahres-Tief** gibt an, auf welchen Wert die Chance-Risiko-Zahl schlimmstenfalls gesunken ist.

9. Wir geben an, ob ein Fonds geringere **Risiken** und/oder höhere **Chancen** als der Referenzindex hatte.

10. Die **Marktnähe** beschreibt, wie sehr sich ein Fonds im Gleichklang mit dem Referenzindex bewegt. Je kleiner die Zahl, desto eigenwilliger die Fondsstrategie.

11. Die **Rendite** wird in Euro unter Berücksichtigung aller Ausschüttungen und interner Fondskosten berechnet.

In den **Zwischentiteln** mit den Fondsgruppennamen zeigen wir die **Risikoklasse** und den **maximalen Verlust** des Referenzindex. Diese dienen als ungefähre Risikoindikatoren für alle Fonds einer Gruppe.

Auswahl der Besten: Welt-ETF, nachhaltige ETF und aktive Fonds

Für welchen ETF Sie sich entscheiden, spielt praktisch keine Rolle – sie sind alle „1. Wahl". Wichtig ist ausschüttend oder thesaurierend (siehe S. 82) und ob der ETF bei Ihrem Depotanbieter sparplanfähig ist. Für nachhaltige ETF beziehen Sie die entsprechende Finanztest-Bewertung mit ein. Im untersten Teil finden sie aktiv gemanagte nachhaltige Fonds. **Tipp:** Im Fondsfinder (test.de/fonds) gibt es alle Daten immer zwei Wochen früher – für mehr als 23 000 Fonds.

Fonds: Anbieter	Nachgebildeter Index (bei ETF) bzw. Fondsname (bei aktiven Fonds)		Isin	Kosten (%)	Nachhaltigkeit	Anlageerfolg	Chance-Risiko-Zahl (%): Aktuell	10-Jahres-Tief	Besser als Referenzindex: Risiko	Chance	Marktnähe (%)	Rendite (% p. a.): 5 Jahre	1 Jahr
Aktien Welt. Risikoklasse 7, maximaler Verlust über 10 Jahre: 20 Prozent. Eine Auswahl aus 1906 Fonds.													
Referenzindex: MSCI World					–	–	100 →	100	–	–	100	11,4	7,2
Dauerhaft gut: klassische, marktbreite ETF													
HSBC	MSCI World	Ⓐ 1)2)3)4)5)	IE00B4X9L533	0,15	–	1. Wahl	98 →	95	□	□	99	11,1	7,5
iShares		Ⓣ 1)2)3)4)5)6)	IE00B4L5Y983	0,20	–	1. Wahl	98 →	96	□	□	99	10,9	7,3
UBS		Ⓐ 1)2)3)5)6)	IE00B7KQ7B66	0,30	–	1. Wahl	98 →	95	□	□	99	10,9	7,2
Xtrackers		Ⓐ 1)2)3)5)6)	IE00BK1PV551	0,12	–	1. Wahl	97 →	–	□	□	99	10,9	7,5
Amundi		Ⓣ 1)2)3)4)5)6)	LU1781541179	0,12	–	1. Wahl	97 →	–	□	□	99	10,8	7,3
Deka		Ⓐ 2)3)5)	DE000ETFL508	0,30	–	1. Wahl	96 →	–	□	□	100	10,5	6,6
SPDR		Ⓣ 1)2)3)4)5)	IE00BFY0GT14	0,12	–	1. Wahl 7)	–	–	–	–	–	–	7,4
Vanguard	FTSE Developed	Ⓐ 1)2)3)4)5)6)	IE00BKX55T58	0,12	–	1. Wahl	97 →	–	□	□	99	10,8	7,5
Vanguard	FTSE All-World	Ⓐ 1)2)3)4)5)6)8)	IE00B3RBWM25	0,22	–	1. Wahl	95 →	93	■	□	98	9,9	6,4
iShares	MSCI ACWI	Ⓣ 1)2)3)4)5)6)8)	IE00B6R52259	0,20	–	1. Wahl	95 →	93	■	□	98	9,9	6,5
SPDR		Ⓣ 1)2)3)4)5)8)	IE00B44Z5B48	0,40	–	1. Wahl	95 →	93	■	□	98	9,8	6,2
SPDR	MSCI ACWI IMI	Ⓣ 1)2)3)4)5)8)	IE00B3YLTY66	0,17	–	1. Wahl	93 →	91	□	□	97	9,4	5,1
Amundi	Solactive GBS Developed Markets Large & Mid Cap	Ⓣ 1)2)3)5)6)	LU2089238203	0,05	–	1. Wahl 7)	–	–	–	–	–	–	7,6
Dauerhaft gut: nachhaltige, marktähnliche ETF													
iShares	MSCI World SRI Select Reduced Fossil Fuels	Ⓝ Ⓣ 1)2)3)4)5)	IE00BYX2JD69	0,20	●●●○○ 9)	1. Wahl 10)	100 ↘	–	□	■	97	12,1	6,7
BNP Easy	MSCI World SRI S-Series PAB 5% Cap	Ⓝ Ⓣ	LU1291108642	0,25	●●●○○ 9)	1. Wahl 11)	96 ↘	–	□	■	95	11,0	1,9
UBS	MSCI World SRI Low Carb Select 5% Cap	Ⓝ Ⓐ 1)2)3)4)5)6)	LU0629459743	0,20	●●●○○ 9)	1. Wahl 12)	96 ↘	94	□	■	96	11,1	10,3
UBS	MSCI ACWI SRI Low Carb Select 5% Cap	Ⓝ Ⓣ 1)2)8)	IE00BDR55471	0,30	●●●○○ 9)	1. Wahl 7)12)	–	–	–	–	–	–	9,1
Weitere Fonds mit sehr hoher Nachhaltigkeit													
Monega	Steyler Fair Invest Equities	Ⓝ Ⓐ 1)3)5)6)	DE000A1JUVL8	1,90	●●●●●	●●○○○	79 ↘	64	□	□	86	6,5	5,1
Universal	GLS Bank Aktienfonds	Ⓝ Ⓐ 1)3)5)6)	DE000A1W2CK8	1,39	●●●●●	●●○○○	78 ↘	72	□	□	86	5,6	–4,7
Ökoworld	ÖkoVision Classic	Ⓝ Ⓣ 1)2)3)4)5)6)14)	LU0061928585	2,13	●●●●●	●○○○○	69 ↘	65	□	□	69	2,7	–3,3

Reihenfolge: Anlageerfolg, Kosten, Alphabet
Ⓝ = Fonds berücksichtigt Nachhaltigkeit.
Ⓣ = Thesaurierend. Ⓐ = Ausschüttend.
■ = Ja. □ = Nein. – = Entfällt.

Finanztest-Bewertung des Anlageerfolgs (Chance-Risiko-Verhältnis)
1. Wahl = Dauerhaft gut.
●●●●● = Sehr gut.
●●●●○ = Gut.
●●●○○ = Mittelmäßig.
●●○○○ = Schlecht.
●○○○○ = Sehr schlecht.

Trend der Chance-Risiko-Zahl
↗ = Aufwärtstrend. → = Seitwärtstrend.
↘ = Abwärtstrend.

Finanztest-Bewertung der Nachhaltigkeit (Grad der Nachhaltigkeit)
●●●●● = Sehr hoch.
●●●●○ = Hoch.
●●●○○ = Mittel.
●●○○○ = Niedrig.
●○○○○ = Sehr niedrig.

1) Als Sparplan erhältlich bei Comdirect.
2) Als Sparplan erhältlich bei Consorsbank.
3) Als Sparplan erhältlich bei FNZ Bank.
4) Als Sparplan erhältlich bei ING.
5) Als Sparplan erhältlich bei S Broker.
6) Anlage von vermögenswirksamen Leistungen mögl. laut FWW oder FNZ Bank.
7) Keine Angabe von Kennzahlen über fünf Jahre mögl., da Fonds nicht über ausreichend lange Kurshistorie verfügt.
8) Der nachgebildete Index enthält auch Aktien aus Schwellenländern.
9) Fonds hat innerhalb der vergangenen fünf Jahre Nachhaltigkeitskriterien eingeführt oder geändert.
10) Indexwechsel im November 2019.
11) Indexwechsel im Dezember 2021.
12) Indexwechsel im Dezember 2020.
14) Erhebt zusätzl. erfolgsabhängige Gebühr.

Günstigere Anteilsklassen mit akzeptabler Handelbarkeit: Falls Sie sich für den entsprechenden Fonds interessieren und eine noch günstigere Variante wünschen, überprüfen Sie, ob Sie diese Anteilsklasse(n) bei Ihrer Bank kaufen können. Achten Sie zudem jedoch darauf, ob die Ertragsverwendung zu Ihnen passt.

Quellen: FWW, Refinitiv; Börsen (Frankfurt, Berlin, Düsseldorf, Hamburg-Hannover, München, Stuttgart, Tradegate); Comdirect, Consorsbank, FNZ Bank, ING, Lang & Schwarz, Maxblue, S Broker; eigene Erhebungen und Berechnungen.
Bewertungszeitraum: 5 Jahre.
Stand: 30. November 2023

Register

Wolfgang Mulke arbeitet als freier Autor und Wirtschaftsjournalist in Berlin. Für verschiedene Tageszeitungen und Magazine verfasst er Beiträge zu verbraucherrelevanten Themen. Zu seinen Spezialgebieten gehören Altersvorsorge, privates Finanzmanagement sowie umweltpolitische Entwicklungen. Im Buchprogramm der Stiftung Warentest erschien von ihm bereits der Ratgeber „Nachhaltige Geldanlage".

Die Stiftung Warentest wurde 1964 auf Beschluss des Deutschen Bundestages gegründet, um dem Verbraucher durch vergleichende Tests von Waren und Dienstleistungen eine unabhängige und objektive Unterstützung zu bieten. Mehr zu unserem Qualitätsanspruch und viele weitere Bücher finden Sie unter www.test.de.

Unser Umweltversprechen

Wir haben für den Innenteil dieses Buchs 100% Recyclingpapier verwendet.

Stiftung Warentest druckt ausschließlich in Deutschland, weil hier hohe Umweltstandards gelten und kurze Transportwege für geringe CO_2-Emissionen sorgen.

Auch die Weiterverarbeitung erfolgt ausschließlich in Deutschland.

Programmleitung: Niclas Dewitz
Autor: Wolfgang Mulke
Projektleitung: Johannes Tretau
Lektorat: Magnus Enxing, Münster
Korrektorat: Jonas-Philipp Dallmann, Berlin
Titelentwurf: Daniela Greven
Layout: Martina Römer, Daniela Greven, Christian Königsmann
Grafik, Satz: Annett Hansen, Berlin
Illustrationen: René Reichelt (S. 12/13, 26, 34, 49, 52, 61, 70, 72, 73); Josephine Rank (S. 24); Annett Hansen (S. 11, 48)
Bildnachweis: Titel: GettyImages
Produktion: Christian Königsmann
Verlagsherstellung: Rita Brosius (Ltg.), Romy Alig, Susanne Beeh
Litho: tiff.any, Berlin
Druck: westermann DRUCK | pva, Braunschweig

ISBN: 978-3-7471-0770-6

Bei Fragen zur Sicherheit dieses Produkts wenden Sie sich bitte an: gpsr@stiftung-warentest.de

1. Auflage, 1. Nachdruck

Stiftung Warentest
Lützowplatz 11–13
10785 Berlin
www.test.de
email@stiftung-warentest.de

USt-IdNr.: DE136725570

Vorständin: Julia Bönisch

Service
Alle Checklisten können Sie auch kostenlos online ausfüllen. Sie finden sie unter: test.de/checklisten-geldanlageset

Checklisten

zum Ausfüllen

In 15 Schritten zur passenden Geldanlage

Mit dieser Schritt-für-Schritt-Anleitung kommen Sie ganz einfach und ohne Vorkenntnisse zu einer passenden Geldanlage, die Sicherheit und Rendite bietet. Sie brauchen lediglich ein Girokonto, Ihren Personalausweis und ein Smartphone oder einen Computer mit Internetzugang.

Vorbereitung

	Erledigt
1. Ermitteln Sie, wie viel Sie monatlich sparen können und möchten.	☐
2. Formulieren Sie Ihre persönlichen Sparziele.	☐
3. Legen Sie Ihren Risikotyp und damit die Ausrichtung Ihres Portfolios fest: defensiv, ausgewogen oder offensiv. Orientieren Sie sich dabei an Ihrer persönlichen Risikotragfähigkeit, Ihrer Risikoneigung und Ihrem Anlagehorizont.	☐
4. Teilen Sie den Sparbetrag aus 1 gemäß der Aufteilung aus 3 in Sicherheits- und Renditebaustein auf.	☐

Sicherheitsbaustein einrichten

5. Suchen Sie sich ein Tagesgeld- oder Festgeldangebot mit günstigen Konditionen heraus.	☐
6. Stellen Sie online den Antrag zur Kontoeröffnung und identifizieren Sie sich – beispielsweise per Videoident-Verfahren.	☐
7. Richten Sie online einen Freistellungsauftrag bei der Bank ein.	☐
8. Richten Sie online einen Dauerauftrag über den gewünschten Betrag für den Sicherheitsbaustein (aus 4) von Ihrem Girokonto auf Ihr Tages- beziehungsweise Festgeldkonto ein oder überweisen Sie den Betrag für die Einmalanlage.	☐

Renditebaustein einrichten

9. Suchen Sie sich einen kostengünstige Depotbank, die Sparpläne anbietet.	☐
10. Eröffnen Sie das Depot online und identifizieren Sie sich – beispielsweise per Videoident-Verfahren.	☐
11. Richten Sie online einen Freistellungsauftrag bei der Depotbank ein.	☐
12. Wählen Sie aus der Fondsdatenbank unter test.de/fonds oder aus der Tabelle im Anhang auf Seite 102 einen Welt-ETF mit der Bewertung „1. Wahl".	☐
13. Schließen Sie in Ihrem Depot einen Sparplan auf den gewünschten ETF über den für den Renditebaustein ermittelten Betrag (aus 4) ab oder überweisen Sie den Betrag für die Einmalanlage auf das Verrechnungskonto Ihres Depots.	☐
14. Richten Sie einen Dauerauftrag für die regelmäßige Überweisung des Sparplanbetrags vom Girokonto an das Verrechnungskonto Ihres Depots ein.	☐
15. Setzen Sie in Ihrem Kalender eine jährliche Erinnerung zur Überprüfung der Balance Ihres Pantoffel-Portfolios.	☐

Das sind meine Einnahmen

Um zu ermitteln Sie, wie viel Sie tatsächlich sparen können, müssen Sie Ihre Einnahmen und Ausgaben vergleichen. Tragen Sie zunächst alle Ihre monatlichen Einnahmen in die Checkliste ein. Einnahmen, die Sie in größeren zeitlichen Abständen erhalten, teilen Sie durch die Anzahl der Monate. Beispiel: Weihnachtsgeld 1200 Euro : 12 = 100 Euro/Monat.

1. Erwerbseinkommen

Nettolohn/-gehalt	Euro
Weihnachts-/Urlaubsgeld	Euro
Nebenverdienst/Trinkgelder	Euro
Minijob	Euro
Selbstständige (Neben-) Tätigkeit	Euro
Honorare /Provisionen /Tantiemen	Euro
Sondervergütigungen/Leistungsprämien/Boni	Euro

2. Renten, Pensionen, staatliche Zuwendungen

Altersrente/Pension	Euro
Hinterbliebenen-/Erwerbsminderungsrente	Euro
Arbeitslosengeld/Bürgergeld	Euro
Bafög, Stipendium, Studienfinanzierung	Euro
Kindergeld	Euro
Mutterschafts-/Elterngeld	Euro
Wohngeld	Euro

Zwischensumme Pos. 1 – 2	Euro

Übertrag Zwischensumme Pos. 1 – 2 ______ Euro

3. Einnahmen aus privaten Zahlungen

Unterhalt ______ Euro

Geldgeschenke ______ Euro

4. Einnahmen aus Vermögen

Zinsen, Dividenden ______ Euro

Realisierte Kursgewinne ______ Euro

Ausgezahlte Sparbeträge ______ Euro

Miet- / Pachteinnahmen ______ Euro

5. Erstattungen

Finanzamt ______ Euro

Krankenkasse ______ Euro

Reisen (Verspätung / Ausfall von Verbindungen) ______ Euro

6. Sonstiges

Regelmäßige Verkäufe ______ Euro

Private Dienstleistungen ______ Euro

Mitfahrgelegenheiten ______ Euro

Ehrenamt ______ Euro

______ ______

______ ______

Stand der Auflistung ______ **Monatliche Gesamteinnahmen** ______ Euro

Das sind meine Ausgaben

Wo bleibt Ihr Geld? Die großen Ausgaben für den Lebensunterhalt hat fast jeder im Kopf. Vergleichsweise geringe Ausgaben werden weniger stark wahrgenommen. Auch unregelmäßig zu begleichende Rechnungen oder automatische Abbuchungen geraten schnell aus dem Blick. Verschaffen Sie sich einen Überblick. Ausgaben, die nur in längeren Abständen anfallen, teilen Sie durch die Anzahl der Monate. Beispiel: Kfz-Versicherung 400 Euro : 12 = 33,33 Euro / Monat

1. Wohnen

Miete	Euro
Pacht	Euro
Rate für Immobilienkredit	Euro
Hausgeld, Nebenkosten	Euro
Heizenergie	Euro
Strom	Euro
Wasser / Abfallgebühr	Euro
Versicherungen Immobilie	Euro
Haushaltshilfe / Gartenhilfe	Euro

2. Mobilität

Monatskarte ÖPNV	Euro
Kreditrate Auto	Euro
Leasingrate	Euro
Kfz-Steuer	Euro
Kfz-Versicherung	Euro
Kraftstoff (Durchschnittskosten)	Euro
Garagenmiete, Parkausweis	Euro
Bahncard	Euro
Autoclub	Euro
Carsharing	Euro

3. Medien & Kommunikation

Mobilfunk	Euro
Internet, Festnetzanschluss	Euro
Rundfunkbeitrag, Kabelgebühr	Euro
Streamingdienste	Euro

4. Bildung & Freizeit

Unterrichts- / Kursgebühren	Euro
Fitness-Studio	Euro
Vereins- / Mitgliedsbeiträge	Euro
Abos (Zeitungen, Zeitschriften)	Euro
Theater- / Konzert-Abos	Euro

Zwischensumme Punkt 1 – 4 ______

Übertrag Zwischensumme Pkt. 1 – 4

5. Familie

Betreuungskosten Euro

Schulgeld Euro

Taschengeld Euro

Kita-/Schulessen Euro

Pflegedienstleistungen Euro

Essen auf Rädern Euro

Geleistete Unterhaltszahlungen

Regelmäßige Geldgeschenke, Spenden Euro

6. Versicherungen (ohne Kfz, Haus)

Privathaftpflicht-/Hausrat Euro

Berufsunfähigkeit/Risikoleben/Unfall Euro

Krankenkasse/Pflegekasse/gesetzl. Rentenversicherung Euro

Private Kranken-/Pflegeversicherung Euro

Krankenzusatzversicherung Euro

Reisekrankenversicherung Euro

Rechtsschutzversicherung Euro

Sonstige Versicherungen Euro

7. Vermögensbildung

Sparpläne Euro

Riester-/Rürup-Rente Euro

Kapitallebensversicherung/private Rentenversicherung Euro

8. Finanzen

Kontoführung Euro

Kartengebühren Euro

Depotgebühren Euro

Sparpläne Euro

Kreditraten Euro

9. Monatliche variable Kosten

Lebensmittel, Hygiene, Kleidung Euro

Restaurantbesuche, Kantine, Coffee-to-go Euro

Freizeit, Hobby, Unterhaltung Euro

Urlaub Euro

Stand der Auflistung

10. Sonstige Fixkosten

Euro

Euro

Euro

Monatliche Gesamtausgaben

Das ist mein Budget

Sie haben Ihre Einnahmen und Ausgaben erfasst. Nun schauen Sie sich noch eventuell vorhandene bestehende Vermögenswerte an – etwa eine Sparsumme, die bereits tatenlos auf dem Girokonto herumliegt. Nicht alles davon können Sie anlegen. Aber auch eine kleine Immobilie oder eine Goldmünze sind Teil Ihres Gesamtportfolios.

So viel habe ich

Sparguthaben	Euro
Notgroschen	Euro
Sachvermögen (etwa Goldmünzen, Kunst oder andere nicht zum Gebrauch genutzte Wertgegenstände)	Euro
Immobilien	Euro
Wertpapiere	Euro
Kapitallebensversicherung	Euro
Gesamtvermögen	Euro

Das kann ich anlegen

Einnahmen (aus Checkliste „Das sind meine Einnahmen“, S. 109)		Euro
Ausgaben (aus Checkliste „Das sind meine Ausgaben“, S. 113)	**minus**	Euro
Budget (Gesamtsumme möglicher monatlicher Sparplan)	=	Euro
zusätzliches Sparguthaben (für mögliche Einmalanlage)*)		Euro

*) Der Notgroschen bleibt unangetastet. Sachvermögen und andere gebundene Werte wie Immobilien oder eine bestehende Kapitallebensversicherung können nicht als verfügbare Summe eingerechnet werden.

Das sind meine Ziele – und der Weg dorthin

Der Vermögensaufbau ist kein Sprint, sondern ein Langstreckenlauf. Dabei sind kleine oder große Ziele eine wichtige Motivationshilfe. Es beginnt mit dem Notgroschen und reicht bis zur Altersvorsorge oder zu den ganz großen Träumen. Starten Sie mit einer Bestandsaufnahme.

Das sind meine Ziele

Notgroschen aufbauen (zwei bis drei Netto-Monatsgehälter)	Euro
Mittelfristige Geldanlage (Sabbatical, Wohnungsmodernisierung, Eigenheim, neue Küche, …)	Euro
Langfristige Geldanlage (Altersvorsorge, finanzielle Freiheit, …)	Euro

So erreiche ich mein Ziel

	Erledigt
Notgroschen ansparen	
Tagesgeldkonto mit günstigen Konditionen eröffnen	☐
Notgroschen über (beispielsweise) 12 Monate ansparen. Drei Netto-Monatsgehälter sind zusammen ________ Euro, geteilt durch 12, ergibt Sparsumme pro Monat	☐
Sparplan über festgelegte Summe vom Girokonto anlegen, direkt nach Eingang des Gehalts.	☐
Mittelfristige Geldanlage	
Pantoffel-Portfolio nach eigenem Risikoprofil einrichten	☐
Ausgehend vom (bekannten) Endbetrag die **Sparrate** und die gewünschte **Laufzeit errechnen** mithilfe des Rechners unter www.test.de/spar-rechner	☐
Langfristige Geldanlage	
Je nach Selbsteinschätzung des eigenen Risikoprofils defensives, ausgewogenes oder offensives Pantoffel-Portfolio einrichten	☐
Ausgehend von der bekannten Laufzeit (das heißt: verbleibende Erwerbsjahre) die notwendige Sparrate für einen gewünschten Endbetrag errechnen	☐
Oder: Ausgehend von der möglichen Sparrate und Laufzeit den möglichen Endbetrag errechnen	☐

Welcher Geldanlage-Typ bin ich?

Ob Sie eine defensiv, ausgewogen oder offensiv ausgerichtete Strategie bevorzugen, ist eine sehr individuelle Entscheidung, für die Sie sich ausreichend Zeit nehmen sollten. Dabei spielt nicht nur Ihre Risikotragfähigkeit eine Rolle, sondern auch Ihre Risikobereitschaft und Ihr Anlagehorizont. Im Folgenden finden Sie ein paar Anhaltspunkte, die Ihnen dabei helfen können, Klarheit zu gewinnen.

Risikobereitschaft einschätzen

Ja	Nein	
☐	☐	Haben Sie schon einmal negative Erfahrungen im Zusammenhang mit Geldanlagen gemacht?
☐	☐	Haben Sie schon einmal positive Erfahrungen im Zusammenhang mit Geldanlagen gemacht?
☐	☐	Haben Sie bei der Entscheidung für eine bestimmte Geldanlage schon einmal einen Fehler gemacht, der zu Verlusten geführt hat?
☐	☐	Hat Sie dieser selbst verschuldete Verlust emotional stark und/oder lange beschäftigt?
☐	☐	Könnten Sie bei einem größeren Wertverlust Ihres Portfolios noch ruhig schlafen?
☐	☐	Haben Sie ein konkretes Anlageziel?
☐	☐	Liegt dieses Ziel in eher kurz- oder mittelfristiger Zukunft?
☐	☐	Würden Sie auf Renditechancen verzichten, wenn Sie dafür Ihr Anlageziel sicher erreichen?
☐	☐	Oder würden Sie höhere Renditechancen bevorzugen, auch wenn dann nicht sicher ist, ob Sie Ihr Anlageziel erreichen?
☐	☐	Sind Sie bereit, für höhere Renditechancen mehr Aufwand bei Auswahl und Kontrolle Ihrer Geldanlage zu betreiben?
☐	☐	Bevorzugen Sie bei der Geldanlage Sicherheit und Verfügbarkeit?
☐	☐	Sind Ihnen bei der Geldanlage Sicherheit und Rendite gleich wichtig?
☐	☐	Oder wünschen Sie sich von einer Geldanlage vor allem Verfügbarkeit und Rendite?

Risikotragfähigkeit einschätzen

Ja	Nein	
☐	☐	Würde ein negativer Verlauf Ihres Renditebausteins (zum Beispiel ein Börsencrash mit Folgen über mehrere Jahre) Ihre finanzielle Existenz gefährden?
☐	☐	Würde ein negativer Verlauf Ihres Renditebausteins (zum Beispiel ein Börsencrash mit Folgen über mehrere Jahre) Ihre persönlichen Ziele gefährden?
☐	☐	Würde Ihr sonstiges Einkommen reichen, um eventuelle Verluste in einem angemessenen Zeitraum auszugleichen?

Anlagehorizont bestimmen

Ja	Nein	
☐	☐	Stehen Sie am Anfang Ihrer beruflichen Karriere und möchten fürs Alter vorsorgen?
☐	☐	Oder gehen Sie innerhalb der nächsten 15 Jahren in Rente und möchten Ihre finanziellen Reserven für den Ruhestand aufbessern?
☐	☐	Möchten Sie mit der Geburt Ihres Kindes Geld für dessen spätere Ausbildung zurücklegen?
☐	☐	Steht in den nächsten Jahren eine größere Investition an, zum Beispiel der Kauf einer neuen Küche oder eines Elektroautos, für die Sie zu einem bestimmten Zeitpunkt eine größere Summe benötigen?
☐	☐	Oder könnten Sie die geplante Investition notfalls um einige Monate beziehungsweise Jahre verschieben?
☐	☐	Planen Sie mittelfristig den Kauf einer Immobilie?
☐	☐	Oder sind Sie gerade auf der Suche nach einem geeigneten Objekt, das Sie dann sofort kaufen möchten?

Das ist mir wichtig bei der Geldanlage

Je sicherer Sie Ihr Geld anlegen, desto geringer ist auch der Ertrag daraus. Je mehr Risiko Sie umgekehrt eingehen, desto größer ist die Chance auf eine hohe Rendite. Auch die Verfügbarkeit spielt im Zusammenhang mit Ihrem Anlagehorizont eine wichtige Rolle. Nicht zuletzt könnte Nachhaltigkeit für Sie entscheidend sein.

Das magische Dreieck

Risikoprofil

☐ **Mir ist Sicherheit und Verfügbarkeit am wichtigsten.** — Eher defensiv bis ausgewogen

Sicherheitsbaustein: Tagesgeld (sicher und stets verfügbar)

Renditebaustein: Welt-ETF (theoretisch stets verfügbar, aber Kursschwankungen ausgesetzt, längere Anlage ist sinnvoller)

☐ **Mir ist Sicherheit und Rendite am wichtigsten.** — Eher ausgewogen bis defensiv

Sicherheitsbaustein: Festgeld, Staatsanleihen

Renditebaustein: Welt-ETF

☐ **Mir ist Verfügbarkeit und Rendite am wichtigsten.** — Eher offensiv bis ausgewogen

Sicherheitsbaustein: Tagesgeld, Festgeld mit kurzer Laufzeit

Renditebaustein: Welt-ETF

Besondere Ausrichtungen

☐ **Mir sind vor allem geringe Kosten wichtig.**

Achten Sie bei der Wahl Ihres Tages- oder Festgeldkontos sowie bei der Depotbank darauf, dass es (bei generell guten Konditionen) keine Grundgebühren und geringe bis keine Kosten bei Kauf und Verkauf gibt.

☐ **Ich möchte nur in nachhaltige Geldanlagen investieren.**

Legen Sie Ihren Sicherheitsbaustein bei einer ethisch-ökologischen Bank an.

Achten Sie im Fondsfinder unter test.de/fonds oder in der Tabelle auf Seite 102 auf die Nachhaltigkeitsbewertung von Finanztest. Wenn Ihnen nachhaltige ETF nicht streng genug sind, können Sie einen strenger auswählenden nachhaltigen (aktiv gemanagten) Aktienfonds auswählen.

☐ **Ich möchte meinen Renditebaustein mit Beimischungen ausgestalten.**

Beachten Sie die Mischungen für die kleine und große Beimischung im jeweiligen Risikoprofil (siehe Seite 85).

Wählen Sie im Fondsfinder „Alle ETF“ und anschließend unter „Fondsgruppen“, „Wichtige Fondsgruppen“: Aktien Europa, Aktien Schwellenländer global, Aktien Deutschland, …

Das ist mein Pantoffel-Portfolio

In welches Risikoprofil haben Sie sich eingeordnet? Welche Bestandteile umfasst Ihr Sicherheits-, welche Ihr Renditebaustein? In dieser Checkliste können Sie Ihren Stand übersichtlich festhalten.

Aufteilung nach Risikoprofil

Gesamtsumme Einmalanlage	Euro
Gesamtsumme monatlicher Sparplan (siehe Checkliste „Das ist mein Budget“, S. 117)	Euro

	Defensiv	Ausgewogen	Offensiv	Anlagesumme
Anteil Sicherheitsbaustein	75 %	50 %	25 %	Euro
Anteil Renditebaustein	25 %	50 %	75 %	Euro

Girokonto

Kreditinstitut

IBAN

Tagesgeldkonto

Kreditinstitut

IBAN

Einmalanlage	Euro
Sparplan, monatlich	Euro
Aktuelles Guthaben	Euro

Festgeldanlage

Kreditinstitut

IBAN

Laufzeit Jahre

Kündigen bis Datum

Aktuelles Guthaben Euro

Sonstige Zinsanlagen

Kreditinstitut

IBAN

Aktuelles Guthaben Euro

Renditebaustein

Depotbank

Depotnummer

Einmalanlage	Name	ISIN	Angelegte Summe
ETF 1			Euro
ETF 2			Euro
Aktiv gemanagter Fonds			Euro

Sparplan	Name	ISIN	Mtl. Einzahlung
ETF 1			Euro
ETF 2			Euro
Aktiv gemanagter Fonds			Euro

Stand der Auflistung ____________

Rebalancing I: Mein Portfolio überprüfen

Bei aller Bequemlichkeit ist eine regelmäßige Überprüfung Ihres Portfolios wichtig. Einmal im Jahr sollten Sie nachschauen, ob die Verteilung der Anlagen gemäß Ihres Risikoprofils noch stimmt. Weicht das Verhältnis um mehr als 10 Prozentpunkte vom Sollwert ab, werden Sie tätig.

Stichtag

1. Ursprüngliche Aufteilung

Gesamtsumme Einmalanlage	Euro
Gesamtsumme monatlicher Sparplan (siehe Checkliste „Das ist mein Budget“, S. 117)	Euro

Risikotyp	Defensiv	Ausgewogen	Offensiv	Anlagesumme
Anteil Sicherheitsbaustein	75 %	50 %	25 %	Euro
Anteil Renditebaustein	25 %	50 %	75 %	Euro

2. Aktueller Wert Sicherheitsbaustein zum Stichtag

Tagesgeldkonto (Aktuelles Guthaben)	Euro
Festgeldkonto (Aktuelles Guthaben)	Euro
Sonstige Zinsanlagen	
Zinsanlage A (Aktuelles Guthaben)	Euro
Zinsanlage B (Aktuelles Guthaben)	Euro
Zinsanlage C (Aktuelles Guthaben)	Euro
Gesamtwert Sicherheitsbaustein	**Euro**

3. Aktueller Wert Renditebaustein zum Stichtag

Name	ISIN	Aktueller Wert
ETF 1		Euro
ETF 2		Euro
ETF 3		Euro
Aktiv gemanagter Fonds		Euro
Gesamtwert Renditebaustein		**Euro**

4. Gesamtwert Sicherheitsbaustein + Renditebaustein zum Stichtag

	+	
Sicherheitsbaustein	Renditebaustein (Stichtag)	Euro

5. Aktueller Anteil des Renditebausteins

	:	=
Aktueller Renditebaustein (aus 3.)	Gesamtwert (aus 4.)	**Wert a**

x 100		
Wert aus **a**	ergibt	Prozent

Entspricht die aktuelle Aufteilung noch Ihrem Risikoprofil (aus 1.)?

☐ Ja, die Abweichung liegt unter 10 Prozentpunkten.	>>>	Es besteht kein Handlungsbedarf, Sie können sich zurücklehnen.
☐ Nein, die Abweichung liegt über 10 Prozentpunkten.	>>>	Sie sollten Ihr Portfolio anpassen. Nutzen Sie dazu die folgende Checkliste (siehe Seite 137).

Rebalancing II: Mein Portfolio anpassen

Wenn die aktuellen Anteile Ihres Sicherheits- und Renditebausteins um mehr als 10 Prozentpunkte von der Aufteilung abweichen, die Ihrem Risikoprofil entspricht, sollten Sie die Abweichung korrigieren und die ursprünglichen Verhältnisse wiederherstellen.

Stichtag

Gesamtwert

Defensive Variante

Ziel:

75 % Sicherheit | 25 % Rendite

x 0,25 =

Aktuelles Gesamtvermögen (Euro) | **Wert a** (Euro)

minus =

Aktueller Anteil Renditebaustein (Euro) | Wert aus **a** | Betrag zum Umschichten (siehe Folgeseite)

Ausgewogene Variante

Ziel

50 % Sicherheit | 50 % Rendite

x 0,50 =

Aktuelles Gesamtvermögen (Euro) | **Wert a** (Euro)

minus =

Aktueller Anteil Renditebaustein (Euro) | Wert aus **a** | Betrag zum Umschichten (siehe Folgeseite)

Offensive Variante

Ziel

25 % Sicherheit | 75 % Rendite

________ x 0,75 = ________

Aktuelles Gesamtvermögen (Euro) | **Wert a** (Euro)

________ minus ________ = ________

Aktueller Anteil Renditebaustein (Euro) | Wert aus **a** | Betrag zum Umschichten

Umschichtung

- [ ] Ist der Betrag zum Umschichten **positiv,** veräußern Sie Fondsanteile in diesem Wert und legen den Betrag in Zinsanlagen an.[1)]
- [ ] Ist Betrag zum Umschichten **negativ,** entnehmen Sie dem Sicherheitsbaustein diesen Betrag und erwerben dafür Fondsanteile.

1) Durch beim Verkauf gegebenenfalls anfallende Abgeltungssteuer und Kirchensteuer müssen Sie unter Umständen etwas mehr Fondsanteile verkaufen, um den gewünschten Betrag zu erhalten.

Das ist wichtig bei der Steuer

Auch Kapitalerträge müssen versteuert werden. In vielen Fällen geschieht dies automatisch. Mit Freistellungsaufträgen können Sie Kapitalerträge bis zu einer Höhe von insgesamt 1000 Euro, bei Ehepaaren 2000 Euro, von Steuerabzügen freistellen. Die Gesamtsumme können Sie auf mehrere Konten verteilen.

Freistellungsaufträge

Eingerichtet	Konto	Betrag
☐	Tagesgeldkonto	
☐	Festgeldkonto	
☐	Depot	
☐	Weitere Anlagen	
☐	Weitere Anlagen	
☐	Weitere Anlagen	

Kapitalerträge aus dem Ausland

Unterhalten Sie Depots bei ausländischen Banken?

Ja ☐ Sie müssen die Kapitalerträge mit der Anlage KAP bei der Steuererklärung angeben.

Bitte prüfen

Ja ☐ Prüfen Sie auf jeden Fall die Jahressteuerbescheinigung auf Korrektheit. Sie finden sie im Nachrichtenfach Ihres Depots. Eventuell zu viel bezahlte Steuern können Sie sich über die Anlage KAP zur Steuererklärung zurückholen. Falls Sie noch keine Freistellungsaufträge erteilt haben, können Sie den Freibetrag von insgesamt 1000 Euro (bei gemeinsam veranlagten Ehepaaren 2000 Euro) ebenfalls über die Anlage KAP geltend machen.

Ja ☐ Jahressteuerbescheinigung geprüft am ____________________